진주의 한 그릇 키토식

간단 한 끼 & 영양 만점 키토식 레시피 101

진주

미생물학을 전공했다. 2002년부터 푸드스타일리스트와 메뉴 컨설턴트, 요리 연구가로 활동했으며 2016년부터 키토제닉 식단을 시작, 지속 가능한 키토식을 직접 실천하며 남편과 반려견 누가와 함께 행복한 키토제닉 라이프를 즐기고 있다. 현재 키토제닉 요리 연구가로 활동 중이다.
지은 책으로 『진주의 해피 키토 키친』, 『진주의 키토 도시락』, 『진주의 해피 키토 한식』이 있으며, 『플랜트 패러독스 쿡북』의 감수를 했다.

블로그 blog.naver.com/joosf
인스타그램 instagram.com/js.treat
유튜브 해피키토테레비

진주의 한 그릇 키토식
간단 한 끼 & 영양 만점 키토식 레시피 101

초판 1쇄 인쇄 2020년 7월 8일
초판 1쇄 발행 2020년 7월 15일

지은이 진주

발행인 장상진
발행처 (주)경향비피
등록번호 제2012-000228호
등록일자 2012년 7월 2일

주소 서울시 영등포구 양평동 2가 37-1번지 동아프라임밸리 507-508호
전화 1644-5613 | 팩스 02) 304-5613

ISBN 978-89-6952-405-8 13590

ⓒ진주

· 값은 표지에 있습니다.
· 파본은 구입하신 서점에서 바꿔드립니다.

진주의 한 그릇 키토식

간단 한 끼 & 영양 만점 키토식 레시피 101

· 진주 지음 ·

경향BP

배부르게 잘 먹고 살 빼는
마법의 식단, 키토식

올 가을이 되면 키토식을 한 지 4년을 꽉 채우게 됩니다. 짧다고도, 길다고도 할 수 있는 4년이라는 시간은 저와 남편에게 라이프 스타일과 건강에 큰 변화를 주었고, 분명 제게는 다른 요리 세계를 열어준 시간이에요.

'밥심'으로 산다는 한국 사람에게 탄수화물을 줄이는 식단은 오래 지속하기 어려운 것일 텐데, 어찌 그리 식단을 오래 유지하느냐며 독하다는 말도 들은 적이 있어요. 체중을 줄이고 건강해지기 위해서는 과연 대단한 인내심과 혹독한 노력이 필요한 걸까요? 과거에는 그게 상식인 때도 있었지만 키토식을 4년 가까이 경험한 저로서는 "아니요."라고 분명히 말할 수 있어요. 키토식은 힘들이지 않고 배불리 먹으면서 살을 빼는 동시에 건강까지 챙기는 유일한 식단이 아닐까 생각합니다.

평생 비만으로 살았던 남편과 저는 3년 반의 시간 동안 둘이 합쳐서 46kg이 넘는 체중을 감량했고 많은 변화를 경험했어요. 당뇨 전단계이면서 고혈압과 고지혈증을 가지고 있던 남편은 키토식을 시작하고 불과 몇 주가 되지 않아 정상 혈당을 찾았고 몇 달 후에는 콜레스테롤 약을 끊게 되었지요. 용량을 몇 번에 걸쳐 줄이게 되어 지금은 아주 낮은 용량의 혈압약만 복용하고 있는데 약을 먹지 않고 혈압을 재어도 정상 수치가 나오고 있어요. 저 또한 염증 수치가 감소하고 늘 힘들어했던 수면장애가 식단을 시작한 지 2주가 안 되어 없어졌을 뿐 아니라 활기가 넘친다는 게 뭔지 알게 되었답니다. 남편과 저는 "키토식 시작하기를 정말 잘했다. 안 했으면 우리는 지금 어떤 모습일까?"라는 말을 가끔 해요. 키토식에 대해 공부하고 실행하게 된 건 축복과 같은 선택이었고 정말 감사한 일이에요.

키토식은 칼로리 제한식이 아닌, 무엇을 먹고 있는지, 즉 내 몸이 무엇을 연료로 쓰고 있는

지가 중점인 식단입니다. 내 몸속에 체지방으로 쌓일 탄수화물을 주된 식사로 먹을 것인가, 연료로 쓰일 양질의 지방을 먹을 것인가는 오롯이 내 선택인 것이죠. 하지만 키토식을 완벽히 해내지 못한다고 스트레스를 받거나 겁먹을 필요는 없어요. 뭐가 내 몸에 나쁘고 왜 나쁜지를 인지하는 것만으로도 변화는 생길 거예요. 나쁜 것을 조금씩 줄여나가는 것으로 시작해 시간의 힘을 믿어보세요. 몇 년이 지난 후 아무것도 하지 않은 그 시간과 비교해보면 분명히 차이가 클 거예요.

키토식은 희한한 음식도, 맛이 없지만 건강을 위해 참으며 억지로 먹어야 하는 음식도, 환자식도 아니에요. 기존에 먹던 음식을 건강한 방식으로 바꾸어 먹는다고 생각하면 어려울 것도 없답니다. 내가 좋아하고 즐겨 먹던 음식을 키토식으로 변형해 먹는다고 생각해보세요. 키토식에서 먹으면 안 되는 식재료에 대한 기본 지식을 숙지하고 하나둘 나만의 키토식 요리를 만들어나가다 보면 먹고 싶고 만들어보고 싶은 요리가 자꾸 늘어날 거예요. 그러한 아이디어와 영감을 드리는 게 제 요리책이 할 일이겠지요.

『진주의 한 그릇 키토식』에는 매일 밥상에 유용할 생존 음식부터 일반식을 하는 사람들과 함께해도 손색없을 손님 초대 요리까지 들어 있습니다. 키토식이라는 건 이상한 게 아니라 오랫동안 지속할 수 있는 건강식의 한 형태이니 어찌 보면 당연한 구성이겠지요. 제 쿠킹 클래스에서 선보인 레시피도 다수 소개했으니 다양한 키토식을 즐기며 지속하는 데 도움이 되면 좋겠습니다.

먹고 싶은 게 늘 많은 사람이었던 저는 키토식을 하고 키토식에 대한 요리 연구를 하면서 정말 행복한 시간을 보내고 있어요. 여태껏 일하면서 이렇게 스트레스 없이 행복하게 즐겼던 때가 있었나 싶을 정도예요. 보다 많은 분이 키토식을 접하고 선택하게 되어 더 건강하고 행복해지면 좋겠습니다. 행복한 키토식, 하지 않을 이유가 없지요?

*키토식 이론에 대한 부분을 검토해주신 사랑의 의원 송재현 원장님께 감사 말씀드립니다.

진주

차례

PART 1

4	프롤로그

10 ABOUT 키토식
19 저탄고지 - 권장 음식과 금지 음식
24 키토식 부작용 및 해결법
27 키토식 도구
30 키토식 양념
34 재료 보관법
37 재료 구입처

일반식을 키토식으로 바꿔주는 열쇠 메뉴

42 진주표 키토 고추장
44 진주표 키토 쯔유
46 진주표 마요네즈
48 오븐에 구운 토마토 절임
50 3분 곤약 쌀밥
52 콜리플라워 크러스트
54 주들스
56 차플
58 바질 페스토
60 과카몰리
62 원하는 상태의 달걀 삶기
64 온천 달걀
66 오레가노 비니그릿
68 페스토 비니그릿
70 콜리플라워 라이스
72 생강 파 소스
74 화이트 볼로네제
76 레드와인 버섯 그레이비
78 사골국물

일러두기

- 각 메뉴의 영양성분은 팻시크릿 어플을 기본으로 계산했습니다. 절대적인 수치가 아니니 참고만 해주세요.
- 넉넉한 A인분, 혹은 B인분으로 표시된 경우 영양성분은 B인분을 기준으로 계산했습니다.
- 지연성 알레르기 반응이 흔한 몇 가지 식재료를 사용하지 않은 경우 '알레르기 프리' 표시를 해두었으니 참고해주세요.

PART 2

걱정 없이 즐기는
키토식 면 & 피자 & 빵 요리

- 84 구운 치킨 푸타네스카 파스타
- 86 바질 미트볼 토마토 파스타
- 88 소고기 팟타이
- 90 우삼겹 짜파구리
- 92 면 없는 야키소바
- 94 중국식 잡채
- 96 삼겹살 두루치기 볶음우동
- 98 마르게리타 피자
- 100 터키식 피자
- 102 5가지 치즈 피자
- 104 아보카도 달걀 샐러드 오픈 샌드위치
- 106 고르곤졸라 버거
- 108 과카몰리 치킨 오픈 샌드위치
- 110 바사삭 햄 & 에그 치즈롤
- 112 치즈버거 베이크
- 114 카르보나라 파스타
- 116 페스토 파스타
- 118 화이트 볼로네제 파스타
- 120 아보카도 베이컨 콜드 파스타
- 122 참치 콜드 파스타

PART 3

칼로리 걱정 없는
키토식 샐러드

- **128** 스모크 치즈 햄 찹 샐러드
- **130** 구운 토마토 부라타 샐러드
- **132** 문어 올리브 샐러드
- **134** 쏨땀맛 소고기 무 샐러드
- **136** 쯔유 파마산 우동 샐러드
- **138** 구운 할루미와 토마토 샐러드
- **140** 페스토 비니그릿 단호박 훈제연어 샐러드
- **142** 구운 버섯 수란 샐러드
- **144** 리코타 찹 샐러드
- **146** 라즈베리 고르곤졸라 샐러드
- **148** 아보카도 그릭 샐러드

PART 4

영혼까지 든든해지는
키토식 국물 요리

- **154** 하얀 굴짬뽕
- **156** 국수 없는 베트남 쌀국수
- **158** 갓을 넣은 중국풍 오겹찜
- **160** 돈지루
- **162** 무 명란 달걀탕
- **164** 대파 굴 스튜
- **166** 어묵탕 대신 스지탕
- **168** 멕시코풍 소고기 수프
- **170** 소고기 크림 스튜
- **172** 닭고기 미소 냄비
- **174** 차돌 청국장 전골
- **176** 돼지고기 시금치 전골
- **178** 왕갈비탕
- **180** 중국식 배추 완자탕
- **182** 대학로 찌구
- **184** 스키야키
- **186** 소고기 된장 소면

PART 5

육즙이 팡팡 터지는
키토식 소고기&돼지고기&
닭고기&양고기 요리

- 192 우삼겹 솥밥
- 194 팟 카파오 무쌈
- 196 토마토 고기 덮밥
- 198 규동
- 200 베이컨 치킨 텐더와 브로콜리
- 202 생강 파 소스 윙구이
- 204 제육볶음 부리토 볼
- 206 슬로 로스트 통갈비
- 208 에어프라이어 대창 채소구이
- 210 타이풍 돼지고기 볶음
- 212 간장 립 구이
- 214 양꼬치
- 216 중국 식당 닭가슴살
- 218 사천풍 등갈비 콜리플라워 조림
- 220 브루스케타 아스파라거스 스테이크
- 222 떠먹는 치즈 비프 화이타
- 224 레드커리 윙 오븐 구이
- 226 크림 시금치 스테이크

PART 6

적당히 배불러서 기분 좋은
키토식 달걀&해산물&채소 요리

- 232 꼬시래기 명란 비빔밥
- 234 전자레인지 7분 달걀 치즈 컵밥
- 236 BLT 아보카도
- 238 에브리띵 치즈 감바스
- 240 아보카도 연어 회덮밥
- 242 화이트 볼로네제 구운 채소
- 244 리코타 달걀 스크램블
- 246 게으른 날의 프리타타
- 248 엔초비 아이올리 달걀 채소 플레터
- 250 버터 감바스
- 252 주키니 리본 새우구이
- 254 나물 밥전
- 256 엔초비 연근 버섯볶음
- 258 아보카도 명란 덮밥
- 260 아스파라거스 버터 스크램블드 에그
- 262 리코타 가지 라쟈냐

- 264 찾아보기

ABOUT 키토식

키토식은 탄수화물을 줄이고 양질의 지방을 섭취해 우리 몸이 당이 아닌 지방을
주 에너지원으로 쓰도록 하는 식단입니다. '키토제닉 식단', '저탄고지 식단'이라고도 합니다.
키토식이 왜 좋으냐고 누군가가 제게 묻는다면 '키토식은 궁극적으로 인슐린 저항성을 개선하고
염증수치를 낮추어주도록 설계된 식단이기 때문'이라고 답해주겠어요.

인슐린 저항성과 염증 수치 해결

인슐린 저항성과 염증 수치를 해결함으로써 건강상의 긍정적인 변화를 드라마틱하게 경험할 수 있습니다. 인슐린 저항성과 염증수치 해결은 체중 감량의 핵심이기도 합니다. 체중 감량을 하는 데 칼로리 제한이 해결법이 아니라니 놀랐을지도 모르겠습니다.

인슐린은 쉽게 말해 살을 찌우는 호르몬입니다. 인슐린 저항성을 개선하기 위해선 인슐린 자극을 최소화해야 해요. 인슐린을 가장 많이 자극하는 영양소는 탄수화물이고, 그다음으로 단백질, 지방 순서입니다. 지방은 인슐린을 거의 자극하지 않는 열량 영양소입니다. 그렇다면 인슐린 자극을 최소화하기 위해서 뭘 적게 먹고 뭘 많이 먹어야 할지 간단하게 결론이 나오겠지요.

몸 어딘가에 염증이 생겼을 때 이를 해결하기 위해 염증 주위에 지방이 쌓입니다. 애초에 염증을 일으키는 주범 또한 과도한 탄수화물이에요. 염증을 줄이기 위해서도 당연히 탄수화물의 섭취는 줄여야 합니다.

산화된 지방 또한 염증을 일으키는 주요 원인인데 일반적으로 가정에서 사용하는 대두유, 옥수수유, 포도씨유, 카놀라유 등의 조리용 식용유는 열을 가했을 때 산화가 아주 잘되는 지방이에요. 불안정한 이중구조를 여러 개 가지고 있는(다가불포화지방산) 식물성 지방은 열을 가하는 조리에서 반드시 피해야 할 것입니다. 단 이중구조가 하나 있는 단일불포화지방산이 많이 함유된 올리브 오일과 천연 항산화 물질이 많이 함유된 아보카도 오일은 조리용 오일로 사용해도 산화가 잘되지 않는 안전한 식물성 오일이에요.

반면에 기존 건강 상식에서 금기시하던 포화지방은 불안정한 이중구조가 없는 안정된 형태여서 열에도 산화가 잘되지 않기 때문에 조리용 오

일로 적합합니다. 천연지방인 버터, 버터를 정제한 기버터, 코코넛 오일, 돼지 지방, 소 지방 등이 이에 해당됩니다. 이런 포화지방은 안정된 구조를 가지고 있기 때문에 실온에서 보통 고체 형태로 존재합니다.

하지만 식물성 지방을 수소화해 인위적으로 실온에서 고체 형태로 존재하도록 만든 마가린이나 식물성 쇼트닝 등은 그 과정에서 트랜스지방이 생기기 때문에 절대 먹어서는 안 되는 지방이에요.

정리하면, '인슐린 자극을 최소화하기 위해서는 탄수화물을 줄이고 그 대신 지방을 충분히 먹어야 한다. 하지만 아무 지방이나 많이 먹는 것은 아니고 염증을 일으키지 않는 양질의 천연지방을 먹어야 한다.'가 됩니다. 이게 바로 키토식이랍니다. 키토식을 함으로써 지방을 우리 몸의 주요 연료로 원활하게 사용(지방대사)하게 되는 키토제닉 상태가 되면 인슐린 저항성은 점점 나아지고 염증 수치는 줄게 되어 건강상의 긍정적 변화를 경험하게 됩니다. 체중 감량은 자연스럽게 따라오는 부수적인 선물이고요.

탄단지 비율

키토식에 관심이 생겨 공부하게 되면 '하루에 지방은 몇 그램, 탄수화물과 단백질은 몇 그램을 먹어야 한다.'라는 이야기를 접하게 될 거예요. 복잡하기도 하고 뭘 어찌해야 할지 어려운 게 사실이지요. 하지만 지방 몇 그램, 탄수화물 몇 그램의 수치를 지키는 것 자체가 스트레스가 된다면 키토식을 하는 의미가 무색해지고 맙니다. 스트레스 또한 인슐린을 자극하는 주범 중 하나이기 때문이에요. 스트레스를 받으면 살이 찐다는 이야기를 들어봤을 텐데, 스트레스를 받으면 단순

히 많이 먹기 때문에 그런 걸까요? 스트레스를 받으면 인슐린이 자극되기 때문에 살이 찌는 것이랍니다. '인슐린 = 살찌게 하는 호르몬'임을 꼭 기억하세요.

키토식이 어렵게 느껴진다면 '탄수화물을 줄인다. 특히 설탕, 액상 과당, 밀가루는 완전히 끊고 그 외의 탄수화물(밥, 전분질이 든 채소, 과일)은 섭취량을 가능한 한 줄여본다. 대신 배고프지 않게 양질의 지방을 듬뿍 먹는다.'부터 시작해보세요. 단 지방 자체만을 먹어서는 우리 몸에서 효율적으로 사용할 수가 없으니 지방대사에 필요한 기타 영양분과 함께 음식의 형태로 지방을 섭취해야 합니다. 가장 쉬운 방법은 지방질이 많은 고기 부위를 먹는 것입니다. 달걀, 해산물, 채소류를 양질의 지방에 조리해서 먹는 것도 좋은 방법이고요.

탄수화물을 줄이고 지방과 단백질 위주의 재료로 충분히 배가 부르게 식사하면서 컨디션이 좋아지는 것 같다면 그 정도 구성이 현재 자신의 몸 상태에 맞는 '탄단지 비율'이라고 생각하면 됩니다. 그 구성에서 탄수화물을 차츰 더 줄여보고 지방을 늘리는 방향으로 변화를 주면서 어느 정도까지 탄수화물을 줄여도 괜찮은지 몸 상태를 살피며 식단을 조절해나가면 됩니다. 만약 탄수화물을 줄이고 지방을 늘린 식사로 충분히 배부르게 먹었는데도 무기력하고 에너지가 고갈된 느낌이 든다면 아직 지방대사에 충분한 몸 상태가 아니니 탄수화물을 조금 늘려 자신에게 맞는 탄단지 비율을 찾아나가면 됩니다.

자신에게 적합한 탄단지 비율은 어떤 식사를 했을 때 가장 컨디션이 좋은지를 척도로 스스로 알아내야 합니다. 보통 제시되는 키토식의 탄단지 비율은 초반에 가닥을 잡기 위해 참고할 예시 정도로 생각해주세요. 단, 하루 섭취하는 순 탄수화물의 양(총 탄수화물 - 식이섬유)이 100g을 넘지 않아야 저탄수화물 식단이라고 할 수 있어요. 참고로 이 책에 소개된 요리를 바탕으로 하루 식단을 구성한다면 하루에 섭취하는 순 탄수화물 양은 30~40g 이하, 총 지방 양은 100~150g 이상이 됩니다. 단백질은 단백질 위주의 고단백 식사가 되지 않을 정도로만 신경 쓰며 충분히 먹도록 합니다.

칼로리

식단에서 탄수화물 양을 줄이고 지방 양을 늘리면 자연스럽게 섭취하는 칼로리는 늘어나게 됩니다. 탄수화물은 1g당 4kcal의 열량을 내는 반면 지방은 1g당 9kcal의 열량을 내기 때문이에요.
키토식에서 칼로리를 신경 쓰는 이유는 그것을 줄이려는 게(저칼로리) 게 목적이 아니에요. 오히려 너무 적게 먹지 않도록 섭취하는 칼로리를 신경 씁니다. 컨디션이 좋고 에너지가 충분해야 지방대사가 원활하게 진행되며 체지방을 연료로 태우는 상태가 되기 때문이에요. 그러기 위해서는 몸이 기아 상태가 되지 않도록 늘 풍족하게 채워주어야 합니다.

칼로리를 줄여 체중을 줄이는 기존의 저칼로리 식단은 당장 체중은 줄어들겠지만 몸은 기아 상태를 해결해 생존하기 위해 무엇이든 저장하고 보는 몸으로 서서히 바뀌어버리고 맙니다. 극심한 저칼로리 다이어트로 체중 감량을 하고 난 후 요요가 오고, 같은 방식의 다이어트를 다시 시도해도 이전만큼 감량이 되지 않는 건 우리 몸이 기아 상태를 경험한 후 저장 모드가 되었기 때문이에요. 이렇게 저장 모드가 되어버리면 조금만 먹어도 살이 찌고(체지방으로 저장되고) 에너지로 쓰일 연료는 공급되지 않기 때문에 늘 무기력하고 의욕이 없는 상태가 되어버리고 맙니다. 말 그대로 물만 먹어도 살이 찌고 늘 게을러 보이는 상태가 되어버리는 거지요. 또한 기아 상태를 경험해 깜짝 놀란 몸은 에너지 손실을 최소화하기 위해 근육 양을 줄이고 생존에 당장 필요 없다고 여겨지는 생식 관련 호르몬 등의 생산도 중단하게 됩니다.

에너지가 넘치는 최상의 컨디션일 때 지방대사가 원활해져 우리 몸의 구석구석에 있는 체지방을 꺼내 연료로 쓸 수 있다는 걸 꼭 기억하세요. 그러기 위해서는 늘 부족함 없이 채워줘야 한다는 것도 잊지 마세요. 키토계에서 유명한 명언이 있어요. 잘 먹어야 잘 빠진다(#잘먹잘빠).

키토식과 간헐적 단식

키토식과 간헐적 단식은 떼려야 뗄 수 없는 찰떡궁합이에요. 양질의 지방과 단백질로 구성된 식사를 하면 포만감이 오래가기 때문이에요. 새콤달콤한 비빔국수를 냉면그릇 가득 배부르게 먹고 몇 시간 지나지 않아 금세 배고픈 적이 있지 않나요? 반면 고기를 배불리 구워 먹고 난 후에는 한참 후에도 배가 잘 꺼지지 않지요. 키토식을 하면 탄수화물 위주 식사 후 혈당이 치솟았다가 급격히 떨어짐으로써 겪는 극심한 허기짐이나 에너지 고갈, 소위 '당 떨어지는 증상'이 없어집니다. 혈당을 거의 올리지 않는 식사라서 배불리 먹고도 늘 잔잔하게 낮은 혈당을 유지하기 때문이에요.

키토식에 적응한 상태가 되면 허기짐이 덜해 어렵지 않게 간헐적 단식을 할 수 있습니다. 여기서 말하는 허기짐이란 단순히 위가 비어서 꼬르륵 소리가 나는 상태가 아니라 에너지가 고갈되어 무기력해지는 느낌을 말해요.

또한 우리 몸이 지방대사에 적응한 상태에서는 단식을 유지하는 시간 동안 체지방을 적극적으로 꺼내어서 연료로 태우게 되니 간헐적 단식과 키토식은 정말 궁합이 좋지요?

그렇다고 처음부터 억지로 간헐적 단식을 하려고 하지는 마세요. 원래 하루 세끼를 먹었다면 세 끼를, 두 끼를 먹었다면 두 끼를 키토식으로 바꾸어 시작하면 됩니다. 그렇게 식단을 지속하다가 다음 끼니를 먹을 시간이 되어도 배고프지 않은 순간이 오면 그때 간헐적 단식을 시작하면 됩니다.

참고로 저는 2012년부터 아침을 먹지 않는 간헐적 단식을 하고 있는데, 2016년 키토식을 시작하면서 이전과 똑같이 하루 두 끼를 먹는 간헐적 단식을 유지했습니다. 1년 반 정도 지났을 무렵부터는 점심을 먹고 저녁식사 시간이 되어도 별로 배고프지 않았어요. 그 시점부터 점심을 버터커피로 대체하고 4~5시 무렵 간단한 식사나 간식을 먹은 후 7~8시에 저녁을 먹는 방식으로 식사 패턴을 바꿔 지금까지 유지해오고 있어요. 반면에 남편은 원래 하던 대로 지금도 여전히 세 끼를 먹거나 점심과 저녁 두 끼를 먹는 방식으로 하고 있습니다.

간헐적 단식을 하게 되어 끼니를 줄이는 경우, 하루에 섭취하는 총 칼로리도 신경 써주세요. 키토식을 하면서 섭취하는 열량까지 줄이게 되면 체중은 드라마틱하게 빠질 거예요. 하지만 그 후 우리 몸은 음식을 섭취하는 족족 에너지로 쓰지 않

고 저장하는 모드로 적응하게 된다는 걸 꼭 기억해야 합니다. 늘 잘 먹어야 합니다. 기분 좋은 포만감이 느껴질 정도로 양질의 식사를 하고 에너지가 충만한 상태가 되어야 구석구석에 있는 체지방을 꺼내어 활활 태워 쓸 수 있다는 걸 꼭 기억하세요. '잘 먹어야 잘 빠진다!'라는 말은 아무리 강조해도 지나치지 않습니다.

여기에선 키토식에 대한 기본적인 내용과 꼭 기억해야 하는 몇 가지만 설명했습니다. 키토식에 대해 조금 더 공부하게 되면 보다 더 확신을 가지고 안정적으로 식단을 지속할 수 있을 거예요. 키토식을 하는 데 도움이 될 만한 몇 가지를 소개할게요.

키토식에 도움이 되는 책

『지방을 태우는 몸』

지미 무어, 에릭 C 웨스트먼 지음, 이문영 옮김, 라이팅하우스(2017)

키토식을 시작하고 초반에 읽었던 책인데 키토식에 대한 확신을 주었어요. 술술 읽히는 책입니다.

『밀가루 똥배』

윌리엄 데이비스 지음, 인윤희 옮김, 에코리브르(2012)

'밀은 타협의 여지없이 무조건 끊어야겠다.'라고 결심하게 한 책이에요. 밀가루로 만든 빵이나 과자, 국수류를 못 끊어 힘들어하는 분에게 추천합니다.

『기적의 식단』

이영훈 지음, 북드림(2019)

저탄고지 교과서라고 부를게요. 처음 키토식에 대해 공부하면서 저탄고지 라이프 카페(cafe.naver.com/lchfkorea)를 알게 되었는데 그 카페 운영자인 이영안과 이영훈 원장님이 쓴 책이에요.

키토식에 대해 공부하고 실제로 식단을 실천하는 의사가 쓴 책이라 무엇보다 신뢰할 수 있어요. 키토식에 대한 이론이 자세히 설명되어 있을 뿐 아니라 임상 사례와 식단을 하며 겪을 수 있는 문제점 및 해결법까지 폭넓은 정보가 들어 있어요.

『오늘의 키토식』
키토제닉 다이어트 카페 지음, 길벗(2019)

우리나라 최대 규모의 키토제닉 관련 커뮤니티 키토 카페(cafe.naver.com/ketogenic) 회원 중 11명의 생생한 키토제닉 라이프 이야기가 담겨 있어요. 마치 내 지인이 들려주는 것 같은 경험담을 접하고 나면 식단을 시작하고자 하는 확실한 동기가 생길 거예요. 키토식에 대한 전반적인 기본 이론 또한 정리되어 있어요.

키토식을 지속하는 데 도움이 되는 도구

팻 시크릿 어플
식재료별 영양성분을 확인할 수 있어서 특히 식단 초반에 도움이 됩니다. 재료의 양을 입력하면 탄수화물, 식이섬유, 지방, 단백질 양을 알 수 있어 편해요.

혈당을 측정하는 기계

혈당을 쉽게 확인할 수 있어요. 혈당이 식사 한두 시간 후 치솟는 걸 확인했다면 식사 속에 숨은 당이 있다는 걸 유추할 수 있어요. 애보트 프리스타일 네오 제품을 사용하는 중이에요.

혈액으로 케톤을 측정하는 기계

혈당을 측정하는 것과 같은 기계인데 케톤용 스트립을 사용하면 케톤 양을 확인할 수 있어요. 내 몸이 케토시스 상태에 진입했는지, 여전히 당에 의존한 대사를 하고 있는지 알아볼 수 있어요. 애보트 프리스타일 네오 제품을 사용하는 중이에요.

호흡으로 아세톤을 측정하는 기계

혈액 없이 호흡만으로 내 몸이 케토시스 상태인지, 당대사를 하고 있는지 알아볼 수 있어요. 손가락을 찔러 피를 내는 것이 싫은 사람에게 특히 유용하고 휴대하며 사용하기도 좋아요. 케토스캔 미니 제품을 사용하는 중이에요.

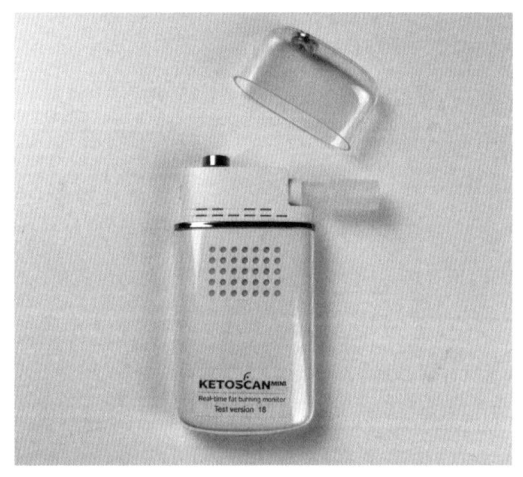

저탄고지
• 권장 음식과 금지 음식 •

육류

닭고기, 돼지고기, 소고기, 양고기, 오리고기 등 어떤 것이든 좋습니다. 닭고기는 가슴살처럼 과도하게 단백질만 많은 부위보다는 허벅지살, 날개 등 지방질이 많은 부위를 선택합니다. 껍질도 모두 섭취합니다. 소고기도 안심보다는 등심이나 우삼겹살, 차돌박이, 갈빗살 등 지방질이 많은 부위를 선택하고 돼지고기도 지방질이 많은 부위를 섭취하면 좋습니다. 여건이 된다면 가능한 한 풀을 먹이거나 좋은 환경에서 자란 동물의 고기를 먹는 게 좋습니다. 소곱창, 대창 등 내장 부위도 아주 좋은 식재료입니다.

달걀

얼마든지 먹어도 좋은 재료입니다. 많이 그리고 자주 먹는 만큼 질이 좋은 달걀을 먹습니다. 최근 달걀에 찍혀 있는 사육 환경 번호에 대한 정보가 알려지면서 달걀 선택의 기준으로 참고하는 사람이 많습니다. 제일 좋은 달걀은 자연에 완전히 방사해 키워 풀이나 벌레 등을 쪼아 먹으며 자란 닭이 낳은 달걀이겠지만 현실적으로 이런 달걀은 찾기가 힘들고 방사라고 되어 있어도 개방형 축사에서 키우며 일반 사료를 먹인 달걀이 대부분인 게 현실입니다(목초란이라고 큼직하게 쓰여 있는 어느 대형 브랜드의 프리미엄급 달걀도 풀

밭에 풀어 키운 닭의 달걀인 줄 알았는데 '물에 목초액을 섞어 급수했습니다.'라고 작은 글씨로 쓰여 있었어요). 무농약 환경의 질 좋은 풀밭에 풀어두고 키운 닭이 낳은 달걀이 아니라면 닭에게 먹이는 사료 성분을 조정해 생산한 달걀이 차선책이라고 생각합니다. 저는 무항생제, 무살충제, 무산란촉진제가 확인되고 사료 성분을 조정해 달걀 자체의 오메가3 비율을 높인 달걀을 사용하고 있습니다.

생선 및 해산물

갈치, 고등어, 가자미, 새우, 오징어, 연어, 조개류, 꽃게 등 모두 좋습니다.

채소

전분질이 많은 몇몇 뿌리채소를 제외하고는 대부분 맘껏 먹어도 좋습니다. 특히 잎채소와 줄기채소(시금치, 시래기, 아스파라거스, 브로콜리, 참나물, 부추, 상추, 배추 등)는 얼마든지 먹어도 좋습니다. 포만감도 있고 기름에 굽거나 볶는 방식으로 조리하면 맛있는 열매채소(가지, 호박, 토마토 등)와 버섯류도 적극 활용합니다. 뿌리채소에는 탄수화물 양이 좀 있으므로 당근, 연근, 우엉 등의 채소를 먹을 땐 섭취 양에 주의하며 먹습니다. 고구마는 허용하는 탄수화물 양에 따라 소량 섭취할 수 있습니다. 하지만 감자는 먹지 않습니다. 단맛이 많은 단호박과 양파는 탄수화물 양이 꽤

있는 채소이므로 먹는 양에 주의하며 섭취합니다.

해조류
미역, 톳, 꼬시래기, 김 등 해조류는 맘껏 먹어도 좋으니 적극 활용합니다. 탄수화물 양을 엄격히 제한하는 경우, 다시마는 너무 많은 양을 먹지 않도록 합니다.

유제품
치즈, 생크림, 첨가물이 없는 요거트, 사워크림 모두 괜찮지만 많은 양을 섭취하면 체중에 영향을 줄 수 있으므로 적정 양을 섭취합니다. 우유는 식단 초반에는 피하고 식단이 안정되게 유지된 후에 소량 섭취해 내 몸이 어떻게 반응하는지 보고 판단합니다. 참고로 저는 일반우유는 조금만 마셔도 체중 증가가 있는 반면 락토프리 우유(매일유업의 소화가 잘되는 우유)는 괜찮았습니다. 남편은 일반우유를 많이 마셔도 체중에 변화가 없고요. 일반적으로 여성이 유제품에 영향을 받는 경우가 많습니다.

콩
양질의 단백질 공급원이라 여겨져 과거에 건강식품으로 각광받던 콩은 인슐린을 많이 자극하는 식재료이므로 키토식에서는 가능한 피합니다. 콩을 이용한 식품인 두유, 유부, 두부 등도 먹지 않습니다. 꼭 먹을 경우, 소량의 두부를 가끔 먹는 정도로 허용하고 질이 좋은 재료를 사용해 재래식 방법으로 만든 두부를 고릅니다. 단 청국장, 낫토, 된장 등 발효된 콩식품은 영양 면에서 이점이 많아 키토식에서 권장합니다.

견과류

간식으로 소량 먹기에 좋습니다. 단, 견과류 중에서도 캐슈넛처럼 탄수화물 양이 많은 것은 피하고 콩과 식품인 땅콩도 피합니다. 마카다미아와 피칸이 제일 좋으며 호두와 아몬드는 너무 많은 양을 먹지 않도록 주의하며 섭취합니다.

과일류

슬프지만 기본적으로 달고 맛있는 과일은 먹지 않는다고 생각하면 됩니다. 과일에서 얻을 수 있는 영양소와 섬유질은 중요하지만 당분이 너무 많은 게 사실입니다. 과일은 나무에 열리는 사탕이라고 생각하세요. 과일에서 포기한 영양소와 섬유질은 채소에서도 충분히 얻을 수 있습니다. 키토식에서 적극 활용할 수 있는 과일이 몇 가지 있는데 바로 아보카도, 올리브, 레몬입니다. 딸기와 블루베리 같은 베리류는 섭취 양에 주의하며 조금씩 먹을 수 있습니다.

단맛 양념

설탕은 절대 먹지 않습니다. 물엿, 꿀, 아가베 시럽, 코코넛 슈가 등도 마찬가지로 금지 양념입니다. 이러한 재료가 함유된 시판 양념(고추장, 쌈장, 각종 드레싱, 소스 등)과 양념이 되어 있는 반조리 식품도 먹지 않습니다. 키토식에서 맘껏 활용할 수 있는 양념은 따로 소개합니다.

오일류

콩기름, 옥수수유, 카놀라유, 포도씨유 등 소위 말하는 식용유 종류는 염증을 유발하는 기름이므로 먹지 않습니다. 액상 식물성 기름을 수소 처리해 고체 형태로 만들면 트랜스 지방이 생성되므로 식물성 쇼트닝, 마가린 등은 절대 먹지 않습니다. 엑스트라버진 올리브 오일, 아보카도 오일,

코코넛 오일, 생들기름 등의 식물성 지방은 권장되는 지방이며 버터, 소기름, 돼지기름 등의 동물성 포화지방도 충분히 먹어도 좋습니다.

곡류

밀가루는 단순히 탄수화물이어서가 아니라 밀 자체로 피해가 크므로 절대 먹지 않습니다. 밀이 우리 몸에 얼마나 해로운 식품인지 알고 싶다면 윌리엄 데이비스의 책 『밀가루 똥배』를 추천합니다. 곡류는 키토식에서 먹지 않는 재료이지만 아주 엄격하게 탄수를 제한하지 않는다면 약간의 쌀을 섭취할 수 있습니다. 알레르기가 적고 우리 입맛에도 잘 맞는 식재료라 오랫동안 식단을 해나가는 데 도움이 되기 때문입니다. 하지만 이 경우에도 하루 총 탄수화물 섭취량이 최대 100g은 넘지 않아야 '저탄수 식단'이라 할 수 있습니다.

음료, 술

과일 주스, 탄산음료, 기타 단맛 음료는 모두 금지식품입니다. 합성 감미료가 사용된 제로 칼로리 음료도 먹지 않습니다. 합성 감미료는 칼로리가 없더라도 인슐린을 자극할 수 있기 때문입니다. 술은 기본적으로 안 먹는 게 좋습니다. 특히 막걸리와 맥주는 금지이며 단맛 없는 증류식 소주나 위스키 같은 증류주, 단맛이 없는 와인은 소량 마실 수 있습니다. 커피와 우린 차 종류는 허용 식품입니다. 단맛이 들어 있지 않은 스파클링 워터는 탄산음료 대용으로 좋습니다.

기타

90% 이상 초콜릿은 훌륭한 간식이고 카카오 닙스도 좋습니다. 피클, 소스, 캔 등의 가공식품은 재료에 설탕이나 합성 감미료, 전분 등이 들어 있지 않은지 확인 후 구입합니다.

키토식 부작용 및 해결법

식단을 갑자기 바꾸면, 심지어 지금까지 알던 건강식과는 좀 다른 방식인 키토식으로 바꾸면
아마 한동안은 콧물만 나도 '키토식 때문인가?!' 하게 될 거예요. 솔직히 저도 그랬거든요.
내 몸에 일어나는 긍정적 변화를 직접 경험하고 수치로 확인하기 전에는 키토식에 대해 확신을
가지지 못할 수 있어요. 그런 와중에 이런저런 달갑지 않은 증상까지 생긴다면
내가 잘하고 있는 건지 걱정이 생길 수밖에 없을 거예요.
일반식을 하다가 키토식으로 식단을 바꾸게 되면 경험할 수 있는 몇 가지 증상을 정리해보았습니다.
개인의 몸 상태에 따라 경험할 수도, 경험하지 않을 수도 있지만 미리 알고 있으면 그런 증상이
생겼을 때 걱정하지 않고 대처할 수 있을 거예요. 다만, 키토식을 하며 풀리지 않는 문제점이 생겼다면
제일 확실하고 정확한 방법은 전문가와 상의하는 방법임을 잊지 마세요.
키토식에 대해 정통한 의사가 다양한 분야에 있습니다.

키토 플루

흔히 몸살과 비슷한 증상이라 '키토 플루'라고 해요. 당대사를 하던 몸이 지방대사에 적응하면서 초반에 겪을 수 있는데 보통 며칠이 지나면 자연스럽게 없어집니다. 개인에 따라 키토 플루는 그 증상과 기간에 차이가 있어요. 참고로 저는 키토 플루를 겪지 않았고 남편은 약간의 어지러운 증상이 있었어요. 물, 미네랄, 소금을 충분히 섭취하고 가벼운 운동을 하면 좋습니다. 하지만 무리한 운동은 피해주세요.

두통, 메스꺼움

탄수화물 섭취량을 줄이면 근육에 있던 수분이 빠져나가는데 이때 나트륨도 함께 빠져나가 전해질 불균형이 오게 되어 겪는 증상이에요. 키토식에서 충분한 나트륨 섭취는 아주 중요해요. 따뜻한 물에 소금을 타서 자주 마시라고 전문가들은 권합니다. 제 경험으로는 충분히 소금 간을 한 국물 요리를 마지막 한 방울까지 다 들이키는 게 나트륨을 섭취하는 방법으로 제일 쉬웠어요. 충분히 소금 간을 한 기름이 동동 뜬 고기국은 아주 훌륭한 키토식이에요. 평소 섭취하는 음식에도

간을 충분하게 해서 나트륨 섭취가 부족해지지 않도록 늘 신경 써주세요. 충분한 수분 섭취도 잊지 말고요.

다리에 쥐가 나는 증상
수분이 빠지면서 마그네슘도 함께 배출되어 생기는 증상이에요. 마그네슘제를 섭취하면 도움이 됩니다. 카카오 닙스나 다크 초콜릿을 간식으로 먹는 것도 마그네슘 섭취에 도움이 돼요.

살 안 빠짐, 체중 증가
다이어트를 위해 저칼로리 위주의 식단을 지속해왔다면 겪을 수 있는 증상이에요. 내 몸이 지방대사를 효율적으로 돌리기에 충분한 상태가 아니기 때문일 수도 있고, 극심한 저칼로리 다이어트로 인해 저장하는 모드로 몸이 적응했기 때문일 수도 있어요. 조급해하지 말고 내 몸의 컨디션이 어떻게 변하고 반응하는지에 귀를 기울이면서 식단을 지속해나가세요.

단, 식단을 '제대로' 하고 있는지에 대한 점검은 필요합니다. 무심결에 사용하고 있는 양념이나 재료에 숨은 당이 있는 건 아닌지 확인이 필요하고, 키토 간식이나 가공식품 위주로 식단을 하고 있는 건 아닌지도 짚어봐야 합니다. 키토식을 제대로 하고 있다면 빠질 살은 언젠가 반드시 빠지게 되어 있어요. 지방대사가 원활해져서 내 몸 구석구석의 체지방을 꺼내 쓸 날이 꼭 올 테니 스트레스 받지 말고 키토식을 즐기며 식단을 지속해나가세요.

소화불량

고기류나 지방이 든 음식을 평소 잘 먹지 않았다면 관련 소화효소가 부족해 키토식을 하면서 소화불량 증상을 겪을 수 있어요. 소화가 안 된 음식물은 장에서 부패해 문제를 일으킬 수 있으니 참지 말고 당분간은 소화제의 도움을 받으면 좋아요. 지방과 단백질 섭취량이 서서히 늘어나면 자연스럽게 소화능력도 조금씩 좋아집니다.

지연성 알레르기

먹자마자 입술이 붓거나 호흡이 곤란해지는 등의 반응이 일어나는 급성 알레르기와는 다르게 서서히 우리 몸 어딘가가 영향을 받는 지연성 알레르기예요. 병원에서 지연성 알레르기 검사로 그 유무를 알 수 있는데 지연성 알레르기 검사로 내 몸에 맞지 않는 재료를 알게 되었다면 당분간 그 재료는 피하는 게 좋지만 평생 먹지 못할 것은 아니에요. 장 상태가 좋아지면 해당 식재료를 조금씩 섭취해보고 다른 재료와 함께 섭취하며 반응을 보며 조절해나가면 됩니다. 해당 식재료를 섭취할 땐 양뿐만 아니라 질도 신경 써주는 게 좋아요. 저탄고지 식단은 장 상태를 좋아지게 하는 식단이니 꾸준히 유지해주세요.

모든 사람이 지연성 알레르기 검사를 해볼 필요는 없지만 위에서 제대로 소화되지 않은 음식물(단백질)은 지연성 알레르기의 주된 원인이기 때문에 평소에 소화가 잘되도록 신경을 써주는 건 모두에게 아주 중요해요. 고기류 소화가 잘 안된다면 스트레스 받기보다 소화제를 먹는 게 좋습니다. 특정 식재료에 치중해 식단을 해나가는 것도 피해야 합니다. 키토식에서도 '골고루 먹기'는 불변의 진리랍니다.

키토식 도구

• 계량 도구 •

이 책에서는 모두 계량스푼과 계량컵, 저울을 이용해 계량했습니다. 계량컵은 용량이 다를 수 있으므로 사용 시 꼭 확인합니다.

- 계량스푼 큰술 = 15ml
- 계량스푼 작은술 = 5ml
- 계량컵 = 240ml

• 작은 구멍 치즈 그레이터 •

샐러드나 파스타에 파미지아노 레지아노 치즈를 곱게 갈 때 사용합니다. 생강을 곱게 다질 때에도 편리합니다. 마이크로플레인 제품을 사용했습니다.

• 큰 구멍 치즈 그레이터 •

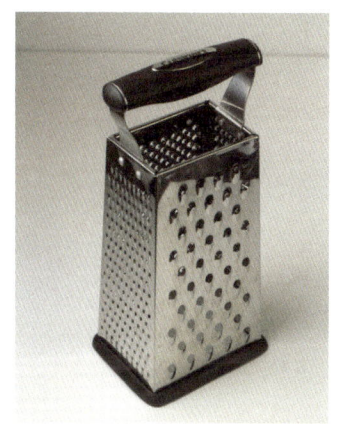

슈레드 치즈를 만들 때 사용합니다. 콜리플라워를 쌀알 크기로 잘라 콜리플라워 라이스를 만들 때에도 사용합니다. 쿠진아트 제품을 사용했습니다.

· 손거품기 ·

진주표 마요네즈 만들 때 필요합니다.

· 스파이럴라이저 ·

쥬키니를 국수 모양으로 자를 때 필요합니다. 옥소 제품을 사용했습니다.

· 차퍼 ·

콜리플라워를 쌀알 크기로 잘라 콜리플라워 라이스를 만들 때 편리합니다. 휘슬러 제품을 사용했습니다.

· 거품망 ·

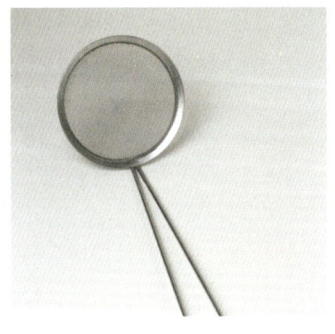

사골국 등 국물 요리에 떠오르는 거품을 걷어낼 때나 된장을 국물에 풀어줄 때 유용합니다.

· 미니믹서 ·

에리스리톨을 갈 때, 멸치가루를 만들 때, 고춧가루를 곱게 갈 때 필요합니다

· 샐러드 스피너 ·

맛있는 샐러드를 만들기 위해서는 필수품이에요. 재료에 물기가 남아 있으면 드레싱이 희석되어 맛이 없어지기 때문입니다. 양배추 채를 썰어 씻은 후 물기를 제거할 때, 콜리플라워나 브로콜리를 조각으로 잘라 물에 담가 씻은 후 물기를 제거할 때에도 유용합니다. 옥소 제품을 사용했습니다.

· 에그 슬라이서 ·

삶은 달걀로 에그 샐러드 등을 만들 때 유용합니다. 에그 슬라이서로 삶은 달걀을 잘라 용기에 담고 포크로 으깨면 수월하고 빠르게 달걀을 잘게 자를 수 있습니다.

키토식 양념

• 조리용 오일 •

이 책에서 열을 가하는 조리에는 라드, 아보카도 오일, 올리브 오일, 기버터, 버터를 사용했습니다. 여기서는 사용하지 않았지만 코코넛 오일도 좋은 조리용 오일입니다.

• 라드 •

14kg 대용량 깡통 제품을 소분해 사용하고 있습니다. 덜어 쓰기 편하도록 입구가 넓은 작은 유리병에 소분해 햇빛이 들지 않는 실온에 보관하며 쓰면 됩니다. 유리병에 소분한 라드는 개봉하면 빨리 쓰는 게 좋고 라드의 냄새를 맡아서 안 좋은 기름 냄새가 나면 윗부분을 스푼으로 푹 떠내어서 버리고 속 부분의 냄새를 확인합니다. 속 부분에서도 안 좋은 냄새가 나면 아까워 말고 버립니다. 일반 가정집에서 사용하기에는 너무 대용량이라 부담스러운 게 사실입니다. 소량 유리병 제품도 있지만 상대적으로 가격은 좀 비싼 편입니다.

• 올리브 오일 •

올리브 오일은 따로 언급이 없더라도 모두 엑스트라 버진 올리브 오일을 사용했습니다. 시중 마트에서 구입할 수 있는 제품 중 어두운 색 유리병에 든 제품을 선택합니다.

• 아보카도 오일 •

케발라와 초즌 푸드사의 제품을 사용했습니다. 정제된 제품이라 향이 없어 조리 오일로 적합합니다. 아보카도 오일은 냉장 온도에서도 잘 굳지 않아 냉장고에 넣어 차갑게 먹거나 실온으로 먹는 요리에 사용하기 좋습니다.

• 버터 •

별다른 언급이 없으면 조리에 사용된 버터는 모두 무염버터이지만 나트륨의 섭취가 중요한 식단이므로 기호에 따라서 가염 버터를 써도 무방합니다.

• 기버터 •

기버터는 고온에서도 잘 타지 않아 조리용 오일로 좋습니다. 채소를 고온에 볶거나 오븐에 구울 때 사용하면 풍성한 향이 더해집니다. 버터에 남아 있는 소량의 유단백질도 제거된 정제 버터라 유제품에 민감한 사람이 사용할 수 있는 것도 장점입니다. 기버터는 버터와 달리 실온에 보관이 가능합니다.

• 리퀴드 아미노스 •

콩을 이용해 진간장 맛이 나도록 만든 소스입니다. 시중 진간장에는 밀이 사용되었으므로 진간장을 대체해서 사용하고 있습니다. 브래그 제품을 사용하고 있는데 non-gmo 콩을 사용한 것도 장점입니다. 저는 밀을 먹지 않기로 선택해 사용하는 것이고, 키토식을 한다고 해서 꼭 리퀴드 아미노스를 써야 하는 건 아닙니다. 일반 진간장을 동량으로 계량해 사용해도 됩니다.

• 에리스리톨 •

당알코올 물질이며 혈당과 인슐린을 거의 자극하지 않아 설탕을 대체할 단맛 양념으로 쓰고 있습니다. 설탕의 70% 정도의 단맛을 냅니다. 백설탕과 비슷하게 생겼지만 설탕처럼 금세 물에 녹지는 않는 성질을 가지고 있어 충분히 저어 녹여야 합니다. 고운 분말 형태로 갈아서 쓰면 조금 더 쉽게 녹일 수 있습니다. 많은 양을 섭취할 경우, 사람에 따라 배가 아프거나 설사를 할 수 있습니다. 에리스리톨은 흡수되는 양이 거의 없으므로 영양성분 계산 시 포함하지 않았습니다.

• 어간장 •

여기에서 사용된 어간장은 맑은 액젓이며 두도식품의 어간장입니다. 소금과 생선만으로 발효해 걸러서 끓인 제품으로 향과 맛이 순한 편입니다. 시중의 일반 액젓을 사용해도 좋지만 구입 시 재료에 당이 들어 있지 않은지 확인합니다.

• 단맛 없는 증류식 소주 •

조리용 맛술이 필요한 경우에 사용했습니다. 주로 대장부 제품을 사용했습니다.

• 생크림 •

당이나 바닐라 등의 향이 들어 있지 않은 동물성 유크림 제품을 고릅니다. 휘핑할 필요가 있으면 유지방 함량이 30% 이상인 제품이어야 하지만 수프나 소스 등을 만들 목적이라면 유지방 함량이 20% 미만인 쿠킹크림도 괜찮습니다. 단 식물성 유지로 만든 크림이나 식물성 유지가 함유된 크림은 절대 사용하지 않습니다.

• 가쓰오부시 •

인도네시아산 가쓰오부시를 선택해 사용하고 있습니다. 밀봉해 냉장고나 냉동실에 보관하며 사용합니다.

• 멸치가루 •

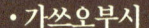

멸치 육수를 내는 대신 맹물에 바로 넣어 만들 수 있어 편리합니다. 국물용 멸치의 내장만 제거한 후 대가리와 몸통을 마른 팬에 바삭하게 볶아 미니 믹서에 갈아서 만들면 됩니다. 빳빳한 재질의 스탠드형 지퍼백에 담아 냉동실에 넣어두고 사용합니다.

• 마요네즈 •

진주표 마요네즈를 만들어 사용하지만 가끔 소량이 필요한 경우에는 시판 제품을 사용하기도 합니다. 이땐 사용된 오일이나 달걀 등의 재료가 괜찮은 제품을 고릅니다.

• 시판 된장 •

미소된장이 필요한 경우 사용했습니다. 집된장보다는 첨가물이나 탄수화물 양이 있지만 미소보다는 적기 때문입니다. 이 책에서는 흔히 구할 수 있는 시판 된장을 이용해 미소된장 맛을 내는 요리법을 소개합니다. 성분이 착한 미소된장을 구입할 수 있다면 사용해도 좋습니다.

고 성분도 괜찮습니다.

· 식초 ·
애플 사이더 식초를 주 조리용 식초로 사용했습니다. 케발라 제품이 향이 순한 편이라 주로 사용하고 있습니다. 샐러드 등에는 와인 식초나 발사믹 식초도 사용했습니다.

· 국간장 ·
메주를 이용해 집에서 만든 국간장을 사용했습니다. 시판 제품 중에서는 샘표 맑은 조선간장이 집에서 만든 것과 비슷하

· 메줏가루 ·
진주표 키토 고추장을 만들기 위한 필수 재료입니다. 가능하다면 곡물 재료가 들어가지 않고 질 좋은 국산콩을 사용한 제품을 고릅니다. 밀봉해 냉장이나 냉동 보관하며 사용합니다.

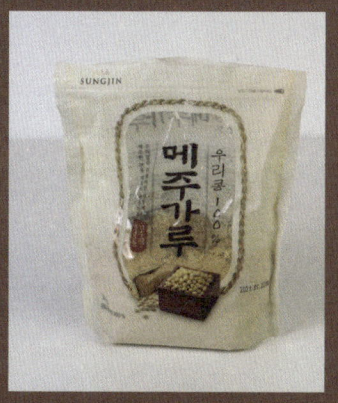

· 소금 ·
별다른 언급이 없으면 마트에서 구입할 수 있는 고운 입자의 구운 소금을 사용했습니다. 소금의 입자 크기에 따라 계량했을 때 양이 달라지므로 어떤 종류의 소금이건 고운 입자의 소금을 사용하면 됩니다.

· 후추 ·
입자가 굵은 형태(coarse ground)의 제품을 사용하거나 후추 그라인더를 사용해 직접 갈아 사용했습니다. 고운 분말 형태의 후추는 사용하지 않았습니다.

재료 보관법

냉동

견과류
개봉한 견과류나 견과류의 가루는 밀봉해 냉동 보관합니다.

고춧가루
장기간 보관 시에는 밀봉해 냉동 보관해야 색이나 향이 변하지 않습니다.

고기나 생선, 해산물류
소량씩 진공 포장되어 있는 제품은 장기간 냉동 보관이 용이합니다. 공기에 노출된 부분은 냉동실에서 변질이 되므로(freezer burn) 오랫동안 보관해야 할 것은 반드시 소량씩 진공 포장된 걸 구입합니다. 가락시장 등에서 스테이크를 구입할 땐 원하는 두께의 스테이크를 부탁해 한 장씩 진공 포장을 해달라고 하면 좋습니다.

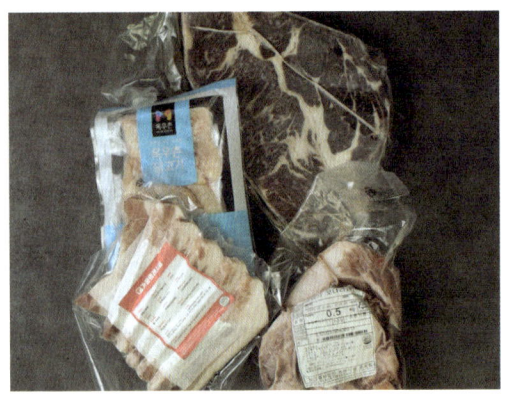

건어물류
마른 오징어, 황태, 멸치 등의 건어물류는 장기간 보관할 경우가 많으므로 밀봉해 냉동 보관합니다.

채소류
아스파라거스, 브로콜리, 콜리플라워, 방울양배추, 그린 빈스, 시금치 등은 냉동이 가능한 채소류입니다. 손질해 데친 후 식혀서 얼려야 하고 냉동된 제품을 구입해도 좋습니다. 아스파라거스, 브로콜리, 콜리플라워 등은 언 채로 바로 볶거나 끓는 국물에 넣어 조리하고 시금치는 냉장실이나 실온에서 해동해 물기를 꼭 짠 후 사용합니다. 콜리플라워를 직접 손질해 얼릴 경우 조각으로 쓸 것은 조각으로 자른 후 데쳐서 얼리고, 콜리플라워 라이스로 쓸 것은 싱싱한 것을 쌀알 크기로 자른 후 한 번 쓸 양만큼 소분한 후 밀봉해 얼립니다. 볶음밥 등에 사용할 경우 녹이지 않고 부수어서 바로 센불에 볶으면 됩니다.

과일류

아보카도 잘 익은 아보카도를 과육만 발라내어 넓은 용기에 담아 얼린 후 단단하게 얼면 지퍼백이나 진공 포장기로 포장해 냉동실에 보관합니다. 얼렸던 아보카도는 냉장실에서 해동시킨 후 사용합니다. 얼렸던 것은 아보카도의 형태를 유지해야 하는 요리에는 쓸 수 없고, 으깨어 사용하는 과카몰리나 갈아서 사용하는 소스 등에는 사용할 수 있습니다.

레몬 즙만 짜서 얼음 틀에 담아 보관할 수 있습니다. 밀폐가 되는 얼음 틀(뚜껑이 있거나 비닐 재질인 것)에 얼려야 냄새가 배지 않게 보관할 수 있습니다.

유제품

열을 가하는 조리에 쓸 치즈류는 얼려도 좋습니다. 고체 형태의 반경성이나 경성 치즈는 얼렸다가 녹이면 푸슬푸슬 부서지며 식감이 변하기 때문에 그대로 쓰기에는 적당하지 않지만 열을 가해 녹이는 요리에는 사용해도 괜찮습니다. 단, 냉동실에서 공기에 장기간 노출되어 안 좋은 냄새가 배지 않도록 신경 써서 냉동 보관해야 합니다. 포장을 뜯었다면 랩 등으로 잘 밀봉해 냉동 보관합니다. 크림치즈나 마스카포네 같은 연성 치즈도 얼렸다가 녹이면 거친 입자가 생겨 그냥 쓰기에는 적당치 않지만 열을 가하는 조리 시 넣어 녹여 쓰는 용도로는 괜찮습니다. 버터도 냉동 보관할 수 있습니다. 단 버터는 냄새를 잘 흡수하므로 대용량 버터를 구입해 직접 소분해 보관하는 방법은 추천하지 않습니다. 오래 보관할 버터라면 가능한 한 작은 포장 제품을 구입해 랩 등으로 한 번 더 밀봉해 보관합니다.

실온

라드, 올리브 오일, 기버터, 코코넛 오일, 아보카도 오일, 참기름 등의 오일류는 실온 보관합니다. 마른 미역과 마른 다시마도 햇빛이 들지 않는 실온에 보관합니다. 단 김은 냉장실에 두고 먹되, 오래 두고 먹을 것은 냉동 보관해야 색과 향이 변하지 않습니다.

냉장

오일 중 생들기름은 늘 어둡고 일정한 온도가 유지되는 냉장실에 보관합니다. 말린 허브와 기타 양념 가루는 벌레가 생길 수 있고 특히 습도가 높은 여름철에 변질될 수 있으므로 냉장고에 보관합니다.

유통기한

유통기한은 소비자에게 판매해도 안전하다고 판단되는 최종 시한을 정해놓은 것이므로 그 날짜를 지나도 실제 소비하는 데에는 괜찮은 경우가 대부분입니다. 특히 유제품이 그런 경우가 많은데 밀봉된 상태로 보관을 잘했을 경우에 해당됩니다. 반경성이나 경성 치즈류는 개봉 후에는 반드시 깨끗한 칼이나 기구로 덜어 사용하고 단면이 공기에 노출되지 않도록 랩 등으로 밀봉해 보관합니다.

재료 구입처

향신료와 양념류
쿠팡(www.coupang.com), 아이허브(kr.iherb.com)의 소분된 제품을 구매했습니다.

생허브
그린팜(www.grfarm.co.kr)에서 구매했습니다.

대패 삼겹살, 구이용 삼겹살
네이버 스마트 스토어 '가문의레시피'의 핀란드 삼겹살을 사용했습니다.

풀먹인 소고기
네이버 스마트 스토어 '가문의레시피', 사러가 마트(www.saruga.com)의 제품을 사용했습니다.

기타 소고기
자르지 않은 통갈비와 스테이크는 가락시장에서 구매했습니다. 그 외 소고기는 동네 마트, 스지는 대명축산(www.daemyungfood.com) 제품을 사용했습니다.

달걀
가농(www.ganong.net) 금계란의 오메가3 달걀(스마트 달걀)을 사용했습니다.

유제품
코스트코, 트레이더스를 주로 이용했습니다. 임박몰이나 치즈 전문 사이트(치즈파티, 치즈몰 등)의 유통기한 임박 할인 코너도 이용하면 좋습니다.

곤약
대신 곤약사리면(칼국수 모양), 대신 우동 모양 곤약, 대신 해초 곤약묵, 미웰 밥알 모양 곤약을 사용했습니다.

라드
프로 라드유 제품을 사용했습니다.

PART 1

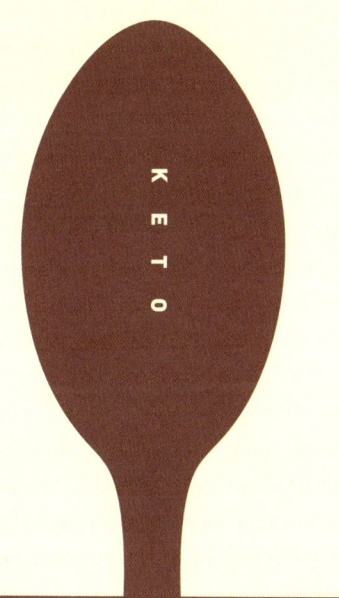

일반식을 키토식으로 바꿔주는
열쇠 메뉴

저는 냉장고에 늘 채워두는 메뉴 몇 가지가 있어요. 냉동실에는 바질 페스토, 화이트 볼로네제, 콜리플라워 크러스트가, 냉장실 안쪽에는 오븐에 구운 토마토절임과 진주표 키토 고추장이, 냉장실 양념 칸에는 쯔유와 오레가노 비니그릿이, 냉장실 채소 칸에는 주키니와 콜리플라워가 있어요.

키토식에서는 먹지 말라는 식재료나 양념이 많아 대체 뭘 먹어야 하나 싶지요? 저는 제철 재료를 사용한 음식이건 여행지에서 먹었던 맛있는 음식이건 뭐든 먹고 싶은 게 떠오르면 만들어 먹는 식으로 식단을 해나가고 있어요.

키토식은 특별하고 희한한 음식이나 환자식도 아닌, 기존에 먹던 식단에서 조금 더 건강한 방향으로 조정된 식단일 뿐이라 생각하거든요. 그러기 위해서는 몇 가지 일반 양념이나 재료를 키토식에서 사용 가능한 것으로 바꾸어주어야 하는데 기본 양념에 대해서는 앞에서 설명했으니 여기에선 일반식을 키토식으로 바꾸어줄 소스나 재료가 될 유용한 기본 메뉴를 소개할게요. 이 메뉴를 열쇠 메뉴라고 부를게요. 키토식으로 통하는 문을 열어줄 열쇠 메뉴요! 제가 냉장고에 늘 만들어두는 게 바로 열쇠 메뉴들이랍니다. 열쇠 메뉴가 준비되어 있으면 언제든 키토식을 뚝딱 만들어낼 수 있어서 한결 편하게 식단을 지속할 수 있어요.

작년 초 레시피를 처음 공개했을 때 많은 분의 호응을 얻었던 진주표 키토 고추장은 이제 키토인에게는 필수 양념이 되었어요. 구운 고기와 쌈채소에 곁들이기만 해도 맛있는 식사가 될 뿐 아니라 익숙한 고추장 맛으로 무궁무진한 요리를 만들 수 있지요. 온갖 종류의 피자를 뚝딱 구워낼 수 있는 콜리플라워 크러스트도 빼놓을 수 없어요. 맛있는 피자를 배부르게 먹으며 건강해진다니 기쁜 소식이지요. 최근 출간한 한식 책에서 소개한 3분 곤약 쌀밥도 빼놓을 수 없지요. 키토식에서 외면해야 했던 밥도둑 메뉴도 '밥'과 함께 먹을 수 있게 만들어주는 고마운 열쇠 메뉴거든요. 다양한 파스타를 즐길 수 있게 만들어주는 주들스(주키니 국수), 뭘 찍어먹어도 맛있으면서 만들기도 쉬운 진주표 마요네즈, 구운 채소에 곁들이면 풍성하고 든든한 식사가 바로 완성되는 화이트 볼로네제 등 열쇠 메뉴를 활용하면 좀 더 쉽게 키토식을 만들 수 있습니다.

19가지 열쇠 메뉴는 제가 키토식을 만들 때 늘 이용하는 것입니다. 『진주의 한 그릇 키토식』에서뿐만 아니라 앞으로 선보일 새로운 요리에서도 항상 쓰일 기본 재료이지요. 여러분이 키토식 식단을 유지하는 데 열쇠 메뉴가 도움이 될 거에요. 제가 그랬던 것처럼요.

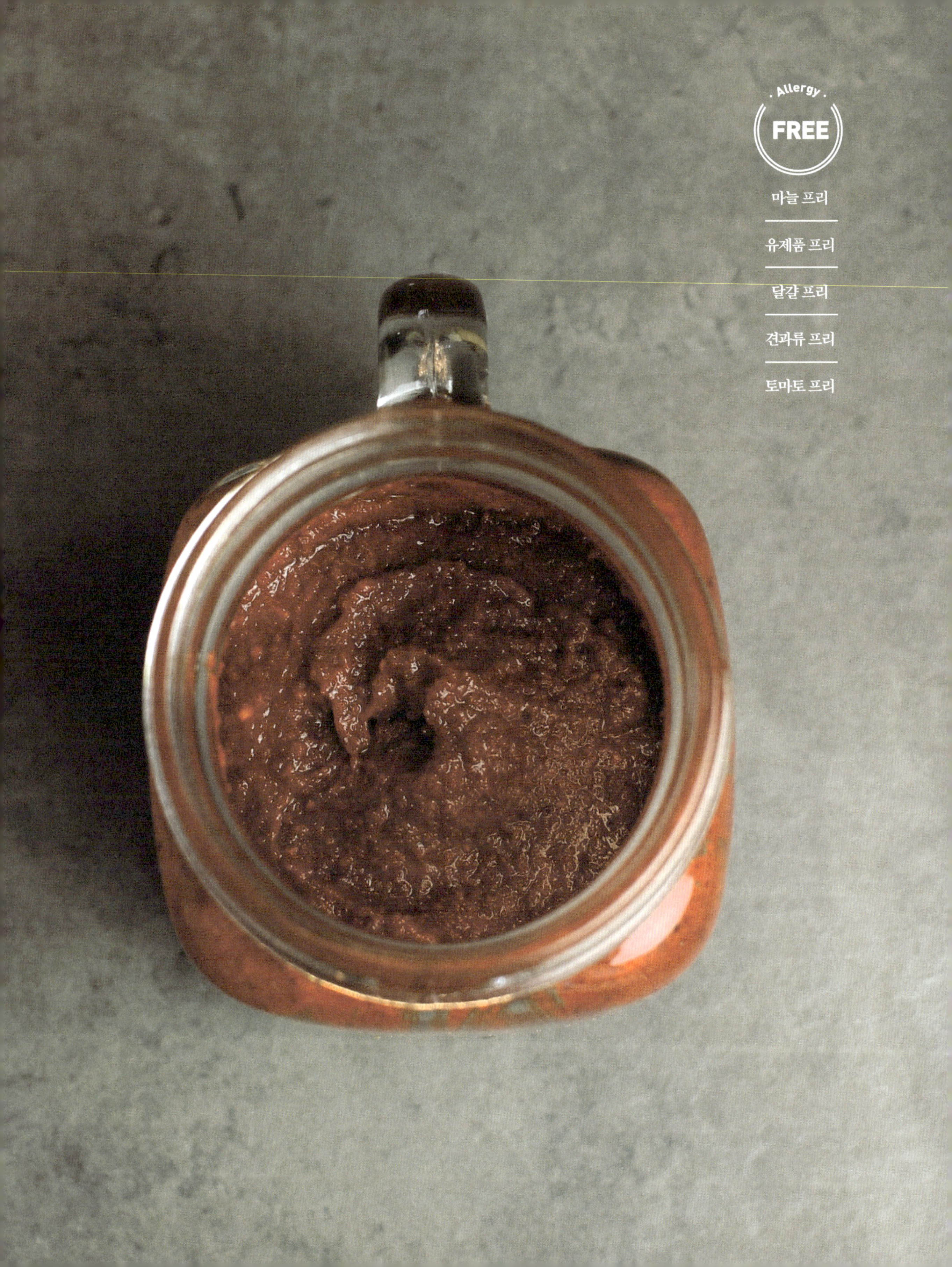

Allergy
FREE

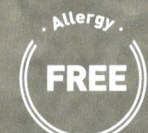

마늘 프리

유제품 프리

달걀 프리

견과류 프리

토마토 프리

진주표 키토 고추장

1큰술

칼로리	지방	탄수화물	식이섬유	단백질
19kcal	1g	3.1g	1.9g	0.8g

 INGREDIENTS

약 19큰술

고추장용 고운 고춧가루 100g
메줏가루 10g
에리스리톨 40g
꽃소금 15g
단맛 없는 증류식 소주 3큰술
생수 130g

 HOW TO MAKE

1. 생수에 단맛 없는 증류식 소주, 에리스리톨, 소금을 녹인 후 메줏가루를 넣고 멍울이 없도록 잘 푼다.
2. 1에 고춧가루를 넣고 고루 섞는다.
3. 냉장고에 넣고 하루 후부터 먹는다.

TIP

- 고추장용 고운 고춧가루가 아닌 일반 고춧가루를 사용할 땐 미니 믹서로 곱게 갈아서 사용하면 됩니다.
- 진주표 키토 고추장은 밀폐용기에 담아 냉장 보관하면 3개월 이상 보관이 가능해요. 사용할 땐 꼭 깨끗한 스푼으로 덜어내어 쓰세요.
- 메줏가루는 곡물 없이 콩으로만 만든 메주를 선택하고 이왕이면 국산 콩을 사용한 제품을 고르세요. 저는 성진식품사의 '우리콩 100%' 메줏가루를 사용했어요.

Allergy FREE

마늘 프리

유제품 프리

달걀 프리

견과류 프리

토마토 프리

진주표 키토 쯔유

약 500ml

칼로리	지방	탄수화물	식이섬유	단백질
36kcal	0g	0g	0g	9g

 INGREDIENTS

약 500ml

물 300ml
리퀴드 아미노스 90ml(6큰술)
단맛 없는 증류식 소주 180ml
에리스리톨 2큰술
너구리 사이즈 다시마 2쪽
가쓰오부시 10g

 HOW TO MAKE

1 냄비에 물 300ml를 담고 리퀴드 아미노스, 단맛 없는 증류식 소주, 에리스리톨, 다시마를 담아 뚜껑을 닫지 않고 불에 올린다.

2 전체적으로 부글부글 끓으면 약불로 줄이고 5분간 끓인다. 이때 뚜껑은 닫지 않고 약불을 유지한다.

3 불을 끄고 가쓰오부시를 넣어 5분간 그대로 둔 후 체로 가쓰오부시와 다시마를 거른다.

4 쯔유가 완전히 식으면 냉장 보관한다.

TIP

- 깨끗한 밀폐용기에 담아 냉장 보관하면 한 달 이상 보관할 수 있어요.
- 가쓰오부시를 넣고 오래 두거나 끓이면 비릿한 맛이 우러나오니 시간을 지켜 걸러내세요(사진).

마늘 프리

유제품 프리

견과류 프리

토마토 프리

진주표 마요네즈

1큰술

칼로리	지방	탄수화물	식이섬유	단백질
133kcal	14.4g	0.5g	0g	0.3g

 **INGREDIENTS**

총 8큰술

달걀노른자 1개
머스터드 10g
화이트 발사믹 2작은술
소금 1/4작은술
올리브 오일 1/4컵
아보카도 오일 1/4컵
후추 약간

• 1컵 = 240ml

 HOW TO MAKE

1. 볼에 노른자, 머스터드, 화이트 발사믹, 소금을 담고 손거품기로 저어 고루 섞는다.

2. 1의 내용물을 손거품기로 저어주면서 다른 손으로 올리브 오일을 쪼르륵 따라 넣는다. 이때 아주 빠르게 저을 필요는 없지만 계속 저어준다.

3. 올리브 오일을 다 넣으면 같은 방법으로 저어주면서 아보카도 오일을 넣는다.

4. 조금 더 저어 농도를 진하게 내준 후 후추를 약간 넣고 마무리한다.

TIP
- 손거품기로 쉽게 만드는 마요네즈는 시판 마요네즈보다 농도가 약간 묽어요. 홀랜다이즈 소스 농도 정도라고 생각하면 됩니다(사진).
- 오일을 조금씩 넣는 것만 유의하면 실패 없이 만들 수 있어요. 단 아보카도 오일의 양이 올리브 오일에 비해 훨씬 많거나 아보카도 오일로만 마요네즈를 만들려고 하면 잘 안됩니다.
- 냉장 보관 시 온도가 너무 낮거나 보관 기간이 길면 마요네즈가 분리될 수 있으니 냉장실에서도 냉기가 너무 강하지 않은 위치에 보관하고 일주인 안에 먹는 게 좋아요.

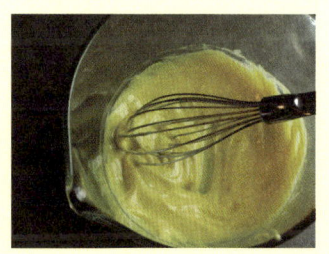

마늘 프리
유제품 프리
달걀 프리
견과류 프리

오븐에 구운 토마토 절임

1인분(4조각)

칼로리	지방	탄수화물	식이섬유	단백질
78kcal	7g	3.9g	1.2g	0.9g

 INGREDIENTS

6인분 이상

토마토 900g
올리브 오일 100g 이상
발사믹 식초 1큰술
레드와인 식초 1큰술
소금 약간
후추 약간

 **HOW TO MAKE**

1. 토마토는 1cm 두께로 도톰하게 자른다. 방울토마토를 사용한다면 반으로 가른다.

2. 넓은 오븐용 팬에 종이 포일을 깔고 토마토를 겹치지 않게 한 겹으로 깐다.

3. 토마토에 소금을 뿌린 후 올리브 오일 1큰술을 고루 뿌린다.

4. 220℃로 예열한 오븐에 넣어 30분간 구운 후 오븐을 끄고 토마토를 오븐 속에 둔 채 그대로 식힌다.

5. 토마토가 식으면 오븐에서 꺼내 후추를 갈아서 뿌려주고 깊이가 있는 유리용기에 차곡차곡 담는다(사진).

6. 5에 레드와인 식초와 발사믹 식초를 넣고 토마토가 완전히 잠기도록 올리브 오일을 부어 냉장 보관한다.

TIP
- 냉장고에서 한 달 이상 보관할 수 있어요. 이때 오일 위로 드러난 토마토에는 곰팡이가 필 수 있으니 토마토가 오일에 충분히 잠기도록 유의해주세요.
- 냉장 온도에서 올리브 오일이 굳은 경우 실온에 잠시 꺼내두었다가 사용하면 됩니다.

Allergy
FREE

마늘 프리

유제품 프리

달걀 프리

견과류 프리

토마토 프리

3분 곤약 쌀밥

1인분(110g)

칼로리	지방	탄수화물	식이섬유	단백질
71kcal	0.4g	16.6g	2.1g	1g

 **INGREDIENTS**

3인분 ─

작은 사이즈 즉석밥 1개(130g)
쌀알 모양 곤약 200g

 **HOW TO MAKE**

1. 쌀알 모양 곤약은 체에 쏟아 동봉된 물은 버리고 찬물에 헹군 후 체를 탈탈 털며 물기를 빼준다.
2. 1의 곤약을 내열용기에 담고 즉석밥의 내용물을 곤약 옆에 함께 담는다.
3. 2의 내열용기에 랩을 씌우고 전자레인지에서(800W) 2분간 익힌다.
4. 랩을 열고 뜨겁게 데워진 즉석밥과 곤약을 숟가락으로 골고루 섞는다. 이때 초반엔 그릇 바닥에 곤약의 물기도 보이고 곤약과 쌀알이 따로 놀지만 고루 섞다 보면 바닥의 물기가 없어지면서 비빌 때 찰기가 생긴 느낌이 든다.
5. 내열용기의 끄트머리만 살짝 열리도록 랩을 씌워 전자레인지에서 1분간 익힌다.
6. 숟가락으로 다시 한 번 내용물을 고루 섞은 후 그릇에 담아낸다.

> **TIP**
> 쌀알 모양 곤약은 말 그대로 쌀알 모양으로 만들어놓은 곤약이에요. 물과 함께 비닐 포장되어 있는 제품을 고르면 됩니다. 건조된 형태로 판매되는 '곤약쌀'은 전분 함량이 많아 키토식에 사용하기에는 적당하지 않아요. 저는 미웰사의 쌀알 모양 곤약을 사용했어요.

콜리플라워 크러스트

1장(약 20cm × 25cm)

칼로리	지방	탄수화물	식이섬유	단백질
342kcal	22.1g	9.5g	2.3g	27g

 **INGREDIENTS**

20cm × 25cm 총 4장

콜리플라워 350g
슈레드 모차렐라 300g
달걀 5개
다진 마늘 2작은술
마른 오레가노 1작은술

 **HOW TO MAKE**

1. 콜리플라워는 차퍼나 큰 구멍 치즈 그레이터를 이용해 쌀알 크기로 잘라놓는다.

2. 내열용기에 1의 콜리플라워를 담고 뚜껑이나 랩을 덮지 않은 채로 전자레인지에서(800W) 10분간 익힌다.

3. 콜리플라워가 뜨거울 때 모차렐라를 넣고 고루 섞으며 치즈를 녹인다.

4. 치즈가 녹아 콜리플라워와 섞이면 달걀, 마늘, 오레가노를 넣고 고루 섞는다. 처음에는 콜리플라워 치즈 반죽과 달걀이 잘 섞이지 않지만 계속 저어주면 걸쭉한 반죽 형태가 된다.

5. 30cm × 45cm 크기의 오븐팬에 종이 포일을 깔고 4의 반죽을 반만 덜어내어 고른 두께로 최대한 넓게 편다(사진 A).

6. 190℃로 예열한 오븐에서 20분간 굽는다.

7. 과정 5~6을 반복해 반죽의 나머지 반도 굽는다.

8. 넉넉한 사이즈의 콜리플라워 크러스트 2장이 구워지면 식힌 후 종이 포일째 반으로 잘라 총 4장을 만든다(사진 B).

TIP

- 완성된 콜리플라워 크러스트는 종이 포일이 붙은 채로 지퍼백에 넣어 냉동 보관합니다(사진).
- 콜리플라워 크러스트를 사용할 땐 1장씩 종이 포일째 오븐팬에 잠시 올려두었다가 말랑하게 녹으면 토핑을 얹어 바로 구우면 됩니다.
- 제가 사용하는 오븐은 사이즈가 비교적 큰 가정용 가스오븐이라 큰 사이즈의 팬을 사용해 만들었어요. 크게 구워 반으로 자르면 한 번에 2장을 만들 수 있어 편하지만 사용하는 오븐의 사이즈가 작다면 반죽을 4등분해서 약 20cm × 25cm 크기로 4회에 나누어 구워내세요.

Allergy FREE

유제품 프리

달걀 프리

견과류 프리

토마토 프리

주들스

1인분

칼로리	지방	탄수화물	식이섬유	단백질
146kcal	13.6g	6.6g	2.2g	1.1g

 **INGREDIENTS**

1인분 ——

주키니 150g
올리브 오일 1큰술
다진 마늘 1/2작은술
소금 약간

 HOW TO MAKE

1 주키니는 스파이럴라이저를 이용해 국수모양으로 잘라놓는다.

2 차가운 팬에 올리브 오일과 다진 마늘을 넣고 소금을 2~3꼬집 뿌린 후 약불에 올린다.

3 오일이 데워지고 마늘이 살짝 익으면 센불로 키우고 1의 주키니를 넣어 뜨거운 오일로 고루 코팅해주듯 살짝 볶아 바로 불에서 내린다.

> **TIP**
> - 주키니는 생으로도 먹을 수 있는 채소예요. 과정 3에서 오래 볶지 않도록 주의합니다. 주키니를 오래 볶아 흐물흐물해지면 식감도 별로고 볼품이 없어져요. 오일 코팅이 될 정도로 살짝만 볶아 아삭하게 즐기세요.
> - 주들스는 소스가 닿으면 금세 수분이 빠져나와 흥건해지니 먹기 직전에 소스를 얹으세요. 도시락을 쌀 땐 주들스와 소스를 따로 담거나 소스를 먼저 담고 그 위에 주들스를 얹으세요.

마늘 프리

견과류 프리

토마토 프리

차플

1쪽

칼로리	지방	탄수화물	식이섬유	단백질
139kcal	10g	1.7g	0g	10.4g

 **INGREDIENTS**

11cm × 8.5cm 크기 2쪽 분량

슈레드 모차렐라 60g
달걀 1개
오일 스프레이 약간

 HOW TO MAKE

1. 슈레드 모차렐라에 달걀을 넣고 잘 섞어놓는다.
2. 예열한 와플팬에 오일 스프레이를 고루 뿌려준 후 1의 반죽을 담아 고르게 펴고 와플기의 뚜껑을 닫는다.
3. 와플기의 사용법에 따라 적당한 시간 동안 굽는다.
4. 구워진 차플은 망에 올려 한 김 식힌 후 먹는다. 식으면 겉면이 더 바삭해진다.

> **TIP**
> - 차플은 치즈와 달걀만으로 와플 모양을 내는 것으로 치즈를 충분히 구워 치즈 자체의 기름이 살짝 녹아나오고 치즈 크러스트가 만들어져야 팬에서 잘 분리돼요.
> - 오일 스프레이를 충분히 뿌렸는데도 차플이 팬에서 잘 안 떨어진다면 굽는 시간을 약간 늘려보세요. 참고로 저는 쿠진아트의 파니니 그릴에 와플용 팬을 부착해서 사용하는데 온도를 '강'에 놓고 9~10분 구워 차플을 만들어요.
> - 차플을 여러 장 구울 땐 구워낸 차플을 겹치지 않게 망에 놓고 식혀야 눅눅해지지 않아요.
> - 차플은 오픈 샌드위치를 만들기에 좋아요. 좋아하는 재료를 올려 다양한 샌드위치를 즐겨보세요.

바질 페스토

1큰술

칼로리	지방	탄수화물	식이섬유	단백질
79kcal	8.1g	0.7g	0.3g	1.2g

 INGREDIENTS

약 20큰술

생바질 100g
파르미지아노 레지아노 50g
잣 50g
다진 마늘 2작은술
올리브 오일 1/2컵
소금 1/2작은술
후추 1/2작은술

• 1컵 = 240ml

 HOW TO MAKE

1. 생바질은 씻어서 샐러드 스피너에 돌려 물기를 제거한다.
2. 파르미지아노 레지아노는 믹서에 갈기 쉽도록 작은 크기로 잘라놓는다.
3. 믹서에 바질, 파르미지아노 레지아노, 잣, 마늘, 소금, 후추를 넣고 잘게 갈아준다.
4. 3에 올리브 오일을 넣으며 페이스트 형태가 되도록 믹서로 갈아준다.
5. 간이 모자라면 소금을 추가한다.

TIP

• 완성된 페스토는 작은 밀폐용기에 담아 얼리면 오랫동안 보관할 수 있어요(사진). 페스토를 사용할 땐 냉장실로 옮겨 녹인 후 사용합니다.
• 얼렸다가 녹인 페스토는 색도 향도 그대로이니 바질 가격이 좋은 봄~여름철에 만들어 얼려두면 언제든 꺼내어 쓸 수 있어요.

유제품 프리

달걀 프리

견과류 프리

과카몰리

1인분(110g)

칼로리	지방	탄수화물	식이섬유	단백질
137kcal	11.8g	9g	5.8g	1.9g

INGREDIENTS

2인분, 약 220g

아보카도 큰 것 1개
토마토 50g
양파 20g
레몬즙 2작은술
다진 마늘 1/4작은술
타바스코 약간
고수 혹은 말린 고수 약간(선택)
소금 약간
후추 약간

HOW TO MAKE

1. 토마토와 양파는 잘게 다져놓는다.
2. 잘 익은 아보카도의 과육만 발라 볼에 담은 후 포크로 으깨어준다.
3. 2의 아보카도에 토마토, 양파, 레몬즙, 마늘, 타바스코, 고수(선택)를 넣은 후 소금 3~4꼬집과 후추를 넣어 고루 섞는다.

TIP
과카몰리는 냉동 아보카도로 만들어도 좋아요. 냉동 아보카도를 냉장고에서 완전히 해동한 후 사용하면 됩니다. 여기서 사용된 아보카도는 큰 것 1개로 과육은 160g 정도입니다.

원하는 상태의 달걀 삶기

 **INGREDIENTS**

달걀 3~4개

 HOW TO MAKE

1 빈 냄비의 바닥에 물을 1cm 높이로 담아 불에 올린다.

2 1의 물이 끓으면 냉장고에서 갓 꺼낸 달걀을 하나씩 국자에 담아 조심스레 끓는 물에 넣는다. 달걀이 냄비 바닥을 퉁 치며 떨어지면 금이 갈 수 있으니 조심히 넣는다. 이때 달걀은 밑면만 물에 잠긴 상태가 된다.

3 불을 중불로 줄이고 뚜껑을 닫은 후 적정 시간 동안 익힌 후 바로 찬물에 담근다.

❶ 6분 30초 : 노른자가 흐르는 상태. 덮밥 등에 얹거나 노른자를 소스 삼아 곁들여 먹을 요리에 적당함.

❷ 8분 : 노른자가 쫀득할 정도로 익은 반숙 상태. 샐러드에 곁들이거나 그냥 먹기에 적당함.

❸ 10분 : 노른자가 거의 익었지만 목 막히지 않는 상태. 으깨거나 잘게 썰어 사용하기에 적당함.

TIP

- 적은 양의 물로 찌듯 익히는 방법이에요(사진). 이렇게 익히면 반숙으로 익은 달걀이라도 껍데기가 잘 벗겨집니다.
- 달걀 3~4개 기준의 조리법이므로 달걀의 개수가 많아진다면 조리 시간을 약간씩 늘려주세요.
- 달걀 껍데기를 깔 땐 딱딱한 바닥에 돌려가며 두드려 고르게 금을 내준 후 흐르는 물 아래에서 달걀의 뾰족한 부분부터 까면 잘 까져요. 단 산지에서 직접 주문해 먹는 달걀의 경우엔 산란일로부터 적어도 일주일은 지나야 삶은 후 껍데기를 말끔하게 깔 수가 있어요. 일반 마트에서 판매되는 달걀은 산란일로부터 매장에 진열되기까지 보통 6~10일이 걸리므로 구매 후 바로 삶아도 괜찮아요.

온천 달걀

 INGREDIENTS

달걀 2개

 HOW TO MAKE

1. 냉장고에서 갓 꺼낸 달걀을 작은 냄비에 담고 달걀 위로 물이 1cm 올라오게 찬물을 붓는다.
2. 냄비에서 달걀을 꺼내고 '물만 담긴 냄비'를 불에 올려 끓인다.
3. 물 표면이 전체적으로 보글보글 끓으면 불을 끄고 뚜껑을 연 채 물을 1분간 식힌다.
4. 달걀을 1개씩 국자에 올려 3의 물에 넣어준 후 15분간 익힌다. 이때 뚜껑은 닫지 않는다.
5. 달걀을 건져 바로 찬물에 담근다.
6. 사용할 땐 날달걀을 깨듯 껍데기를 깨어 내용물을 분리한다.

TIP
달걀 2개 기준이므로 더 많은 양을 익힐 땐 익히는 시간을 조금 늘려주세요.

. Allergy .
FREE

유제품 프리

달걀 프리

견과류 프리

토마토 프리

오레가노 비니그릿

1큰술

칼로리	지방	탄수화물	식이섬유	단백질
80kcal	9g	0.2g	0g	0g

 **INGREDIENTS**

약 12큰술 ──

올리브 오일 8큰술
레몬즙 2큰술
레드와인 식초 2큰술
마른 오레가노 2작은술
소금 3/4작은술
다진 마늘 1/2작은술
홀그레인 머스터드 1/2작은술
후추 1/2작은술

 **HOW TO MAKE**

1 모든 재료를 한군데 담아 고루 섞는다.

2 밀폐용기에 담아 냉장 보관하고, 며칠 안에 먹을 거라면 실온에 보관한다.

TIP
- 냉장고에 보관해 드레싱의 올리브 오일이 굳었다면 사용하기 전에 잠시 실온에 꺼내두세요.
- 깨끗한 밀폐용기에 담아 냉장고에 두면 3주 정도 보관할 수 있어요.

페스토 비니그릿

1큰술

칼로리	지방	탄수화물	식이섬유	단백질
80kcal	8.8g	0.2g	0.1g	0.3g

 **INGREDIENTS**

4큰술 —

올리브 오일 2큰술
바질 페스토 1큰술
화이트와인 식초 1큰술

 **HOW TO MAKE**

1 모든 재료를 고루 섞는다.
2 만들어서 바로 먹으면 좋다.

TIP
바질 페스토는 냉동 보관해도 좋지만 페스토를 이용해 만든 페스토 비니그릿은 조금씩 만들어 바로 먹어야 신선한 향과 색을 즐길 수 있어요.

Allergy FREE

마늘 프리
유제품 프리
달걀 프리
견과류 프리
토마토 프리

콜리플라워 라이스

1인분

칼로리	지방	탄수화물	식이섬유	단백질
97kcal	6.9g	8g	3.8g	3g

 INGREDIENTS

 **HOW TO MAKE**

2인분 —
콜리플라워 300g
올리브 오일(혹은 아보카도 오일)
1큰술

1 콜리플라워는 차퍼나 큰 구멍 치즈 그레이터를 이용해 쌀알 크기로 자른다(사진).

2 1의 콜리플라워에 올리브 오일을 넣어 고루 섞는다.

3 넓은 오븐팬에 2의 콜리플라워를 펼쳐서 깔고 200℃로 예열한 오븐에서 10~15분간 굽는다.

TIP
- 다른 재료를 추가해 만드는 볶음밥이 아닌 콜리플라워만으로 밥을 만들 경우엔 팬에 볶는 것보다 오븐에 구워내는 게 식감이 훨씬 좋아요.
- 오븐 사용이 번거롭다면 팬에 볶아서 만들되 센불에서 물기가 나오지 않게 볶아주세요.

Allergy FREE

마늘 프리
유제품 프리
달걀 프리
견과류 프리
토마토 프리

생강 파 소스

1큰술

칼로리	지방	탄수화물	식이섬유	단백질
82kcal	8.7g	0.9g	0.2g	0.2g

 **INGREDIENTS**

약 7큰술

생강 20g
대파 40g
올리브 오일 4큰술
애플 사이더 식초 1큰술
리퀴드 아미노스 2작은술
참기름 1작은술
소금 1/2작은술
후추 1/4작은술

 **HOW TO MAKE**

1 생강은 잘게 다지거나 치즈 그레이터를 이용해 갈아놓는다.
2 대파는 가능한 잘게 다진다.
3 생강과 대파에 나머지 재료를 모두 넣고 잘 섞는다.

TIP
- 우리나라에서는 다소 생소하지만 외국의 중국 식당에서 종종 닭고기와 함께 나오는 생강 파 소스예요. 닭고기와도 어울리지만 보쌈 같은 삶은 돼지고기와 먹어도 맛있어요.
- 생강 파 소스는 밀폐용기에 담아 냉장고에 두면 2주일 정도 보관할 수 있어요. 냉장 온도에서 오일이 굳으면 실온에 잠시 꺼내놨다가 사용하면 됩니다.
- 작은 구멍 치즈 그레이터를 사용하면 생강을 손쉽게 다질 수 있어요(사진).

달걀 프리

견과류 프리

토마토 프리

화이트 볼로네제

1인분(150g)

칼로리	지방	탄수화물	식이섬유	단백질
593kcal	48.9g	4.9g	0.5g	26.9g

INGREDIENTS

5인분 ——

다진 소고기(혹은 돼지고기와 반씩 섞어서) 500g
양파 100g
셀러리 50g
버터 20g
단맛 없는 화이트와인 150ml
생크림 250ml
파르미지아노 레지아노 100g
월계수잎 2장
마른 오레가노 1/2작은술
다진 마늘 1/2큰술
소금 약간
후추 약간

HOW TO MAKE

1. 양파와 셀러리는 잘게 다져놓는다. 파르미지아노 레지아노는 치즈 그레이터를 이용해 갈아놓는다.

2. 냄비에 버터를 녹이고 마늘, 양파, 셀러리를 중불에 볶는다. 중간에 소금과 후추로 밑간한다.

3. 양파가 투명하게 볶이면 다진 고기를 넣고 소금과 후추로 밑간하며 덩어리지지 않게 볶는다.

4. 고기의 붉은기가 거의 없어지면 화이트와인을 붓고 센불에서 5분간 바글바글 끓인다. 이때 뚜껑을 덮지 않는다.

5. 4에 물 250ml를 붓고 생크림, 파르미지아노 레지아노, 오레가노, 월계수잎을 넣고 치즈가 녹도록 고루 섞는다.

6. 끓으면 약불로 줄이고 40분~1시간 동안 가끔 저어주며 천천히 졸인다(사진). 만약 중간에 수분이 너무 없어지면 물을 보충해주며 충분한 시간 동안 익힌다.

7. 자작자작하게 수분이 있는 고기 조림 정도의 농도로 소스가 완성되면 모자라는 간을 소금으로 맞추고 후추를 넉넉히 갈아 넣어 마무리한다.

TIP
- 화이트 볼로네제는 완전히 식힌 후 소분해 냉동 보관할 수 있어요.
- 화이트 볼로네제에 토마토 캔을 넣고 졸여주면 일반 볼로네제 소스로도 즐길 수 있어요.

· Allergy ·
FREE

마늘 프리

달걀 프리

견과류 프리

레드와인 버섯 그레이비

1인분(약 100g)

칼로리	지방	탄수화물	식이섬유	단백질
167kcal	11.2g	3.9g	0.6g	1.6g

INGREDIENTS

4인분, 약 400g

양송이버섯 100g
양파 40g
버터 10g
단맛이 없는 레드와인 1컵
소고기 육수(혹은 사골국물) 1컵
토마토 페이스트 5g
마른 타임 1꼬집
차가운 버터(깍둑썰기한 것) 30g
소금 약간
후추 약간

• 1컵 = 240ml

HOW TO MAKE

1. 양송이버섯은 얇게 썰고 양파는 채 썰거나 잘게 다져놓는다.
2. 냄비에 버터 10g을 녹이고 양파를 볶는다.
3. 양파가 반투명하게 익으면 양송이버섯을 넣고 센불에 볶는다.
4. 양송이가 드문드문 노릇해지면 와인을 붓고 토마토 페이스트를 풀어준 뒤 와인의 양이 1/2로 줄어들 때까지 센불에 졸인다.
5. 4에 소고기 육수와 타임을 넣고 국물의 양이 2/3로 줄어들 때까지 센불에 끓인다.
6. 핸드 블렌더로 곱게 갈아준 뒤 소금으로 모자라는 간을 맞추고 후추를 갈아 넣는다.
7. 소스를 불에서 내린 뒤 차가운 버터를 넣고 저어 마무리한다.

TIP
- 여기에서 사용된 소고기 육수는 해외 직구로 구입할 수 있는 'beef broth' 중 성분이 괜찮은 걸 골라 사용했어요. 소고기 육수 대신 사골국물을 사용해도 되는데 직접 만든 것을 사용하거나 시판 제품 중 첨가물이 적은 걸 고르면 됩니다. 어떤 육수를 사용하는지에 따라 과정 6의 소금 양은 달라지니 간을 보며 조정해주세요.
- 레드와인 버섯 그레이비는 소고기 스테이크처럼 소고기를 덩어리째 구운 요리에 잘 어울려요.
- 넉넉히 만들어 소분한 후 냉동 보관해두고 먹기 좋아요. 냉장실에서 해동한 후 팬에 살짝 데워 사용하면 됩니다.

Allergy FREE

마늘 프리
유제품 프리
달걀 프리
견과류 프리
토마토 프리

사골국물

200ml

칼로리	지방	탄수화물	식이섬유	단백질
106kcal	9.2g	0g	0g	5.4g

 INGREDIENTS

15인분 이상

한우 사골 2kg
한우 잡뼈 1kg

 HOW TO MAKE

1. 사골과 잡뼈는 찬물에 담가 반나절 핏물을 뺀다. 중간중간 한 번씩 물을 갈아준다.

2. 1의 뼈를 건져서 곰솥에 담고 뼈가 잠길 만큼의 물을 부어 센불에 한 번 끓인다.

3. 우르르 끓어오르면 물을 따라버리고 뼈와 곰솥을 한 번 헹군다.

4. 곰솥에 뼈를 담고 뼈가 충분히 잠길 만큼의 찬물을 부어 센불에 올린다.

5. 끓어오르면 떠오르는 핏물 거품을 말끔히 걷어내고 중센불을 유지하며 8시간가량 끓인다(사진). 중간에 물이 졸면 계속 보충해준다.

6. 국물색이 뽀얗게 우러나고 맛을 보아 고소하고 진한 맛이 나면 불을 끈다.

7. 우러난 국물의 반 정도를 덜어서 먹거나 소분하고 남은 것에 다시 찬물을 부어 뽀얀 국물이 우러날 때까지 끓인다. 이때 고소한 국물이 우러나기까지 처음처럼 오랜 시간이 걸리진 않는다.

TIP
- 사골은 뼈가 들썩거릴 정도의 중간 세기 이상의 불에서 끓여야 뽀얗게 잘 우러나요. 센불에서 끓이는 만큼 국물이 졸지 않았는지 중간중간 확인해주세요.
- 초반에 떠오르는 핏물이 익은 거품은 말끔히 걷어내야 깨끗한 국물을 만들 수 있어요(사진).
- 떠오르는 기름을 걷어낼 필요는 없어요. 하지만 입맛에 맞지 않아 기름기를 제거하고 싶다면 사골국물이 완성될 무렵 걷어내세요. 끓이는 동안 기름에서 감칠맛이 국물에 녹아나온답니다.

PART 2

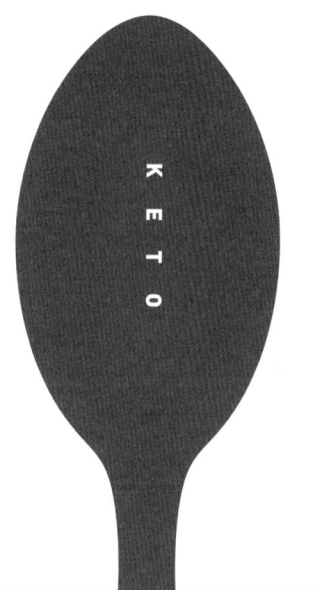

걱정 없이 즐기는
키토식 면 & 피자 & 빵 요리

맛있는 걸 먹고 있거나 뭘 해먹을까 생각하거나, 둘 중 하나를 언제나 하고 있는 저는 영화 「기생충」의 해외 수상 소식을 TV로 접했을 때 '오늘은 키토식 소고기 짜파구리를 만들어 먹어야겠다.'라고 생각했어요. 우삼겹으로 지방까지 든든하게 챙긴 키토식 우삼겹 짜파구리를 먹으며 「기생충」의 쾌거를 함께 축하해보아요.

새우와 고기에 달걀까지 넣고 새콤 달콤 매콤하게 볶아낸 팟타이도 키토식을 한다고 해서 포기할 수는 없지요. 이 책에 실린 방법대로 잘 따라 한다면 곤약면으로도 쌀국수면으로 만든 팟타이와 같은 맛을 낼 수 있어요.

콜리플라워 크러스트를 이용하면 어떤 피자든 만들 수 있어요. 주들스를 잘 만드는 방법을 알고 나면 더 이상 곤죽이 된 호박볶음이 아닌 알덴테 식감의 키토 파스타를 먹을 수 있어요. 특히 여름철에 더 맛있는 콜드파스타 종류는 아삭한 식감의 주들스와 궁합이 최고랍니다. 따끈하게 볶거나 소스와 함께 데워야 맛있는 파스타는 곤약면을 이용해 즐길 수 있어요.

지난해부터 전 세계 키토인의 사랑을 받고 있는 차플(치즈로 만든 와플)은 만들어보셨어요? 저는 차플로 오픈 샌드위치를 만들면 참 맛있더라고요.

드라마 「동백꽃 필 무렵」을 볼 때면 두루치기가 먹고 싶고, 치즈가 무한정 늘어나는 피자

광고를 보며 군침을 삼키는 건 저뿐만이 아니겠죠. 살찔까 봐 걱정이 된다고요? 불가능한 게 없는 키토식 세계에 온 걸 환영합니다. 먹을수록 건강해지고 날씬해질 테니 살찔 걱정은 붙들어두세요.

달걀 프리   도시락

견과류 프리

구운 치킨 푸타네스카 파스타

1인분

칼로리	지방	탄수화물	식이섬유	단백질
992kcal	79.5g	14.2g	4.6g	55.9g

INGREDIENTS

1인분

주들스(54쪽 참조) 1인분
푸타네스카 소스 150g
닭허벅지살 200g
라드 1큰술
소금 약간
후추 약간

푸타네스카 소스

3인분, 약 450g

토마토 캔 400g, 엔초비 필레 15g, 케이퍼 2큰술, 블랙 올리브 10알, 생바질 20g, 다진 마늘 2작은술, 올리브 오일 3큰술, 버터 20g, 소금 약간, 후추 약간

HOW TO MAKE

1. 닭허벅지살은 씻어서 키친타월로 물기를 닦아놓는다.
2. 1의 닭고기에 소금을 고루 뿌린 후 라드를 두른 팬에 껍질이 있는 면부터 노릇하게 굽는다. 중센불을 유지하며 굽는다. 한 면을 익히는 데 4~5분이 걸린다.
3. 닭고기의 양 면이 노릇하게 구워지면 후추를 뿌린다.
4. 푸타네스카 소스를 만든다.
   ❶ 엔초비, 케이퍼, 블랙 올리브는 잘게 다져놓는다.
   ❷ 생바질은 잘게 다지거나 가늘게 채 썰어둔다.
   ❸ 팬에 올리브 오일을 두른 후 엔초비, 케이퍼, 올리브, 다진 마늘을 넣어 약중불에 볶는다.
   ❹ 충분히 볶아 오일에 향이 배면 토마토 캔의 내용물을 부어 넣고 중센불에 끓인다.
   ❺ 소스가 끓으면 바질을 넣고 저어주며 자박자박해질 때까지 졸인다.
   ❻ 적당한 소스 농도로 졸여지면 약불로 줄이고 버터를 넣어 녹인다. 모자라는 간은 소금과 후추로 맞춘다.
5. 주들스를 만들어 볼에 담고 따끈한 푸타네스카 소스를 끼얹은 후 구운 닭허벅지살을 올려낸다.

> **TIP**
> - 닭허벅지살을 구울 때 뚜껑을 덮지 않거나 구멍이 뚫린 기름 튐 방지 뚜껑을 덮고 구워야 바삭하게 구울 수 있어요.
> - 푸타네스카 소스 재료 중 토마토 캔은 깍둑썬 것, 으깨어놓은 것, 홀 토마토 등 어떤 것이라도 좋아요. 홀 토마토 캔은 졸이면서 나무주걱으로 잘게 으깨줍니다.
> - 푸타네스카 소스는 밀폐용기에 담아 냉장고에 두면 1주일 정도 보관할 수 있어요.
>
> **도시락 적합**
> 주들스에서 물이 나오지 않도록 소스는 따로 담거나 소스 위에 주들스 얹기

바질 미트볼 토마토 파스타

1인분

칼로리	지방	탄수화물	식이섬유	단백질
880kcal	69.2g	18.4g	4.7g	45.8g

INGREDIENTS

3인분 ——

바질 미트볼
돼지고기 다짐육 250g
소다짐육 250g
양파 60g
아몬드가루 3큰술
생크림 3큰술
생바질 10장
마른 오레가노 1/4작은술
올리브 오일 1/2큰술
디존 머스터드 1작은술
소금 1/2작은술
후추 1/4작은술

토마토 캔 400g
슈레드 모차렐라 120g
파르미지아노 레지아노 10g
생바질 10장
올리브 오일 2큰술
주들스(54쪽 참조) 3인분

TIP
토마토 캔은 깍둑썬 것, 으깨어 놓은 것, 홀 토마토 등 어떤 것이라도 좋아요. 깍둑썰거나 으깨어놓은 제품은 과정 7에서 바로 부어주고 홀 토마토 제품이라면 손으로 토마토를 으깬 후 부어주세요.

도시락 적합
주들스에서 수분이 생기지 않도록 소스와 따로 담거나 소스 위에 주들스 얹기

HOW TO MAKE

1. 바질 미트볼 재료 중 생바질은 잘게 다져놓는다. 양파도 잘게 다져놓는다.

2. 아몬드가루에 생크림을 섞어 불려놓는다.

3. 팬에 올리브 오일 1/2큰술을 두르고 다진 양파를 중불에 볶는다. 양파가 투명하게 익으면 약불로 줄이고 디존 머스터드를 넣어 조금 더 볶은 후 불에서 내려 식힌다.

4. 돼지고기와 소고기를 볼에 담고 1의 생바질, 2의 생크림에 불린 아몬드가루, 3의 양파볶음, 마른 오레가노, 소금 1/2작은술, 후추 1/4작은술을 넣고 고루 섞어 미트볼 반죽을 만든다. 이때 가능한 치대지 않고 고루 섞일 정도만 반죽한다.

5. 4의 반죽을 60g씩 떼어내 큼직한 미트볼 10개를 빚는다.

6. 오븐 사용이 가능한 프라이팬에 올리브 오일 2큰술을 두르고 5의 미트볼을 넣어 중불을 유지하며 겉면이 노릇해지도록 뒤집어주며 굽는다 (사진 A). 이때 속은 익지 않은 상태이다.

7. 미트볼의 겉면이 노릇하게 구워지면 토마토 캔을 부어 뒤적이며 섞고 생바질을 찢어 군데군데 뿌린다(사진 B). 미트볼 위에만 모차렐라를 얹는다.

8. 파르미지아노 레지아노를 치즈 그레이터로 갈아 뿌려준 후 200℃로 예열한 오븐에서 20~25분간 굽는다(사진 C).

9. 바질 미트볼 토마토소스를 오븐에 익히는 동안 주들스를 만든다.

10. 주들스와 함께 뜨거운 바질 미트볼 토마토소스를 곁들여 낸다.

도시락　유제품 프리

토마토 프리

소고기 팟타이

1인분

칼로리	지방	탄수화물	식이섬유	단백질
614kcal	45.1g	10g	6g	42.2g

INGREDIENTS

2인분 ——

소고기 불고기감 200g
껍데기를 벗긴 중하 150g
숙주 150g
쪽파 60g
칼국수 모양 곤약 200g

소고기용 양념
아보카도 오일 1큰술
리퀴드 아미노스 1작은술
생강가루 1/4작은술

볶음용 양념
애플 사이더 식초 1.5큰술
어간장 1큰술
스리라차 소스 1큰술
에리스리톨 1큰술

달걀 2개
피칸 20g
다진 마늘 1작은술
라드 2큰술
칠리 플레이크(선택) 적당량

TIP
큰 사이즈의 웍을 사용해 제일 큰 화구에서 조리하면 더 맛있는 팟타이를 만들 수 있어요. 웍의 온도가 떨어져서 재료의 수분이 빠져나오면 간이 약해집니다.

도시락 적합
내열용기에 담아 전자레인지에 데워 먹기

HOW TO MAKE

1. 불고기감은 먹기 좋은 크기로 잘라서 소고기용 양념을 넣고 조물조물 버무려놓는다.

2. 숙주와 곤약면은 각각 헹궈서 체에 밭쳐 물기를 빼놓고 쪽파는 4~5cm 길이로 잘라 흰색 줄기 부분과 초록색 잎 부분을 따로 분리해놓는다.

3. 볶음용 양념은 한군데 담아 잘 섞어두고 피칸은 굵직하게 다져놓는다.

4. 웍에 라드 1큰술을 녹이고 1의 소고기를 넣어 볶는다. 고기가 완전히 익으면 덜어낸다.

5. 웍에 다시 라드 1큰술을 녹이고 새우와 마늘을 넣어 중불에 볶는다.

6. 새우 겉면의 색이 변하면 2의 곤약면을 넣고 센불로 키워 함께 볶는다.

7. 곤약면이 고루 뜨거워지면 3의 볶음용 양념을 넣고 수분이 없어지도록 달달 볶는다.

8. 7에 볶아둔 고기와 쪽파의 흰색 줄기 부분을 넣고 고루 섞은 뒤 웍의 한쪽으로 밀어놓고 웍의 빈 곳에 달걀을 깨 넣어 반숙프라이를 만든다.

9. 반숙프라이가 거의 완성되면 달걀을 휘저어 스크램블처럼 만든 후 한쪽으로 몰아놨던 다른 재료들과 섞으며 볶는다.

10. 9에 숙주를 넣고 최대 센불에서 숙주의 숨이 살짝 죽을 정도만 볶은 후 쪽파의 초록색 잎 부분을 넣고 섞은 후 불에서 내린다.

11. 다진 피칸을 얹어 내고 취향에 따라 칠리 플레이크를 뿌려 먹는다.

마늘 프리
유제품 프리
달걀 프리
견과류 프리
토마토 프리

우삼겹 짜파구리

1인분

칼로리	지방	탄수화물	식이섬유	단백질
598kcal	45.8g	22.8g	9g	25.9g

INGREDIENTS

1인분 ──

우삼겹 150g
칼국수 모양이나 우동 모양
곤약면 200g
양파 50g
양배추 50g
대파 30g
쌀춘장 20g
진주표 키토 쯔유(44쪽 참조) 3큰술
고춧가루 1/2작은술
리퀴드 아미노스 1/4작은술
소금 약간
후추 약간
고춧가루(선택) 약간

HOW TO MAKE

1. 양파와 양배추는 채 썰고 대파는 송송 썰어놓는다. 곤약면은 물에 헹군 후 체에 밭쳐 물기를 빼놓는다.

2. 달구어진 팬에 우삼겹을 넣고 완전히 익도록 구워 덜어낸다. 중간에 소금과 후추로 간한다. 이때 우삼겹에서 녹아나온 기름은 팬에 그대로 둔다.

3. 우삼겹을 굽고 난 팬에 1의 대파와 곤약면을 넣고 중불에 볶는다.

4. 대파가 노르스름해지기 시작하면 쯔유를 넣고 수분이 없어질 때까지 곤약면을 달달 볶는다.

5. 4에 양파, 양배추, 쌀춘장, 물 1큰술, 리퀴드 아미노스, 고춧가루를 넣은 후 센불에 볶아 짜파구리를 만든다.

6. 춘장과 채소가 충분히 어우러지면 짜파구리를 불에서 내려 그릇에 담는다.

7. 3의 구워둔 우삼겹을 짜파구리를 볶아낸 팬에 뒤적여 살짝 볶은 후 볶은 면에 곁들여 낸다.

8. 취향에 따라 고춧가루를 더 뿌려 먹는다.

> **TIP**
> - 우삼겹에서 녹아나온 기름이 충분치 않다면 과정 5에서 라드를 약간 더해 볶아주세요.
> - 기존의 춘장에는 밀과 기타 첨가물이 들어 있어서 키토식 재료로 사용하지 않았는데 밀과 캐러멜 색소 등이 들어 있지 않은 쌀춘장이 나와서 가끔 사용하고 있어요. 제가 사용한 제품은 '진미 우리쌀 춘장'이에요. 이 제품도 춘장의 특성상 당분은 좀 들어 있으니 섭취하는 양에 주의합니다.

면 없는 야키소바

1인분

칼로리	지방	탄수화물	식이섬유	단백질
705kcal	53.9g	16.9g	4.1g	37.1g

INGREDIENTS

1인분 ——

대패삼겹살 150g
숙주 100g
양배추 100g
양파 60g
달걀 1개
라드 1/2큰술
소금 약간

볶음용 양념
우스터소스 2큰술
리퀴드 아미노스 1작은술
애플 사이더 식초 1/2작은술

가쓰오부시와 파래가루(선택)
적당량

HOW TO MAKE

1. 양배추와 양파는 도톰하게 채 썰고 숙주는 씻어서 체에 받쳐 물기를 제거한다. 볶음용 양념은 잘 섞어놓는다.

2. 웍에 라드를 녹이고 달걀프라이를 만들어 덜어낸다. 중간에 소금으로 간한다.

3. 달걀프라이를 만들었던 웍에 소금으로 밑간하며 대패삼겹살을 살짝 노릇하게 구워 덜어낸다. 대패삼겹살이 노릇해지기 시작해야 삼겹살 기름이 녹아나온다.

4. 삼겹살에서 녹아나온 기름이 남아 있는 웍에 양배추와 양파를 넣고 센 불로 키워 가끔씩 뒤적여주며 굽듯이 볶는다.

5. 양배추와 양파가 드문드문 노릇하게 볶이면 구워둔 삼겹살을 넣어 섞은 뒤 한쪽으로 몰아놓고 웍의 빈 곳에 1의 볶음용 양념을 부어 자글자글 캐러멜라이즈한 후 한쪽으로 몰아뒀던 재료와 고루 섞는다.

6. 모든 재료가 고루 뜨거워지면 센불을 유지한 채 숙주를 넣고 숙주의 숨이 살짝 죽을 정도로 함께 볶는다.

7. 완성된 야키소바에 달걀프라이를 얹고 취향에 따라 가쓰오부시와 파래가루를 뿌려낸다.

TIP
- 채소에서 수분이 나오면 싱거워지니 채소를 넣고 볶는 과정에선 센불을 유지해주세요. 웍의 크기가 작아도 재료의 온도가 떨어지니 사이즈가 큰 웍을 사용합니다.
- 우스터소스는 키토 식재료는 아니지만 야키소바의 맛을 내는 핵심 양념이라 사용했어요. 가능한 한 당분이나 첨가물이 적게 들어가고 성분이 괜찮은 걸 골라 사용하세요. 여기서는 해외 직구로 구입한 Wan Ja Shan사의 유기농 우스터소스를 사용했어요(사진).

도시락 적합 내열용기에 담아 전자레인지에 데워 먹기

도시락 | 유제품 프리 | 달걀 프리 | 견과류 프리 | 토마토 프리
Allergy FREE

중국식 잡채

1인분

칼로리	지방	탄수화물	식이섬유	단백질
737kcal	53.7g	27.4g	10.4g	38.8g

INGREDIENTS

넉넉한 2인분 ──

잡채용 돼지고기 300g

돼지고기용 양념
리퀴드 아미노스 1큰술
아보카도 오일 1큰술
참기름 1작은술
다진 마늘 1/2작은술
생강가루 1/4작은술, 후추 약간

양배추 150g
칼국수모양 곤약 200g
양파 200g
부추 50g
마른 목이버섯 15g
대파 1/2대
라드 3큰술
참기름 1작은술
통깨 약간

볶음용 양념
리퀴드 아미노스 2큰술
단맛 없는 증류식 소주 1큰술
어간장 1작은술
애플 사이더 식초 1작은술
고춧가루 1작은술
다진 마늘 1/2작은술

HOW TO MAKE

1. 마른 목이버섯은 30분간 찬물에 담가 불린 뒤 딱딱한 밑동은 가위로 잘라내고 먹기 좋은 크기로 뜯어놓는다.

2. 잡채용 돼지고기는 돼지고기용 양념으로 조물조물 버무려놓는다.

3. 양배추와 양파는 채 썰고 부추는 5cm 길이로 잘라놓는다. 대파는 송송 썰어놓는다. 곤약면은 찬물에 헹궈 체에 밭쳐 물기를 빼놓는다.

4. 볶음용 양념 재료는 모두 한군데 담아 잘 섞어놓는다.

5. 크기가 큰 웍에 라드 1큰술을 녹이고 2의 고기를 넣어 중센불에서 볶는다. 고기가 완전히 익고 드문드문 노릇해지면 덜어낸다. 이때 남아 있는 기름도 모두 덜어낸다.

6. 고기를 볶았던 웍에 대파, 곤약면을 넣고 라드 2큰술을 더해 중불에서 충분히 볶는다.

7. 대파가 드문드문 노릇해지기 시작하면 1의 목이버섯을 넣고 센불에 볶는다.

8. 버섯이 충분히 뜨거워지면 3의 양배추, 양파를 넣고 센불에 볶다가 채소 숨이 죽으면 한쪽으로 몰고 웍의 빈 곳에 4의 볶음용 양념을 넣어 바글바글 끓인 후 채소와 고루 섞는다.

9. 5의 고기와 기름을 8에 넣고 센불을 유지하며 조금 더 볶는다.

10. 불을 끄고 부추와 참기름을 넣어 재빠르게 고루 섞는다. 통깨를 약간 뿌려낸다.

> **TIP**
> 큰 사이즈의 웍을 사용해 제일 큰 화구에서 조리하면 더 맛있는 중국식 잡채를 만들 수 있어요. 웍의 온도가 떨어지면 채소에서 물이 나와 질척해져서 맛이 없어져요. 채소에서 물기가 나오지 않도록 센불에서 볶아내는 게 포인트입니다.
>
> **도시락 적합** 내열용기에 담아 전자레인지에 데워 먹기

Allergy
FREE

유제품 프리

견과류 프리

토마토 프리

삼겹살 두루치기 볶음우동

1인분

칼로리	지방	탄수화물	식이섬유	단백질
822kcal	70g	15.7g	7.4g	34.9g

INGREDIENTS

2인분

우동 모양 곤약 1봉(200g)
구이용 삼겹살 300g
잘 익은 김치 100g
양파 50g
대파 1/3대

고기용 양념

진주표 키토 고추장(42쪽 참조) 3큰술
리퀴드 아미노스 1큰술
단맛 없는 증류식 소주 1큰술
참기름 1큰술
에리스리톨 1작은술
다진 마늘 1작은술
생강가루 1/8작은술
후추 약간

달걀 2개
아보카도 오일 2큰술
소금 약간
통깨 약간

HOW TO MAKE

1. 곤약은 물에 헹군 후 체에 밭쳐 물기를 빼놓는다.
2. 삼겹살과 김치는 한입 크기로 먹기 좋게 자른다. 양파는 채 썰고 대파는 어슷하게 썰어놓는다.
3. 삼겹살에 김치, 양파, 대파, 고기용 양념을 모두 넣고 고루 버무려놓는다.
4. 팬에 아보카도 오일을 두르고 달걀프라이 2개를 만들어 덜어낸다. 중간에 소금으로 간한다.
5. 달걀프라이를 만들고 난 팬에 3의 양념한 고기를 넣고 볶는다.
6. 고기가 익고 양파가 부드러워지면 1의 곤약을 넣고 간이 배도록 3~4분간 충분히 볶아준다.
7. 6의 두루치기 볶음 우동을 그릇에 담고 4의 달걀프라이를 얹은 후 통깨를 약간 뿌려낸다.

견과류 프리

마르게리타 피자

 전체

칼로리	지방	탄수화물	식이섬유	단백질
926kcal	64.7g	18.2g	3.8g	64.5g

INGREDIENTS

넉넉한 1인분 혹은 2인분

콜리플라워 크러스트(52쪽 참조) 1장(약 20cm × 25cm)
토마토 캔(다지거나 으깬 것) 100g
모차렐라 치즈 120g
올리브 오일 1큰술
생바질 10g
여분의 생바질 약간
후추 약간

HOW TO MAKE

1. 모차렐라 치즈는 큰 구멍 치즈 그레이터로 갈아놓거나 칼로 얇게 잘라 놓는다.

2. 콜리플라워 크러스트에 토마토 캔을 고루 펴 바르고 모차렐라 치즈를 올린 후 생바질을 겹치지 않게 빼곡히 올린다(사진).

3. 200℃로 예열한 오븐에서 13분간 굽는다.

4. 올리브 오일을 뿌리고 후추를 갈아준 뒤 생바질을 더 올려 먹는다.

TIP
생바질은 구워지며 크기가 많이 줄어드니 과정 2에서 최대한 빼곡히 얹어주세요.

터키식 피자(Lahmacun)

칼로리	지방	탄수화물	식이섬유	단백질
781kcal	48.7g	19.3g	4.8g	62.9g

INGREDIENTS

넉넉한 1인분

콜리플라워 크러스트(52쪽 참조)
1장(약 20cm × 25cm)
다진 소고기 150g
잘게 다진 양파 20g(약 2큰술)
토마토 페이스트 1큰술
마른 오레가노 1/2작은술
다진 마늘 1/4작은술
올리브 오일 2작은술
소금 2꼬집
후추 약간

토마토 오이 샐러드

오이 100g
방울토마토 100g
올리브 오일 1큰술
마른 파슬리 1작은술
소금 2꼬집

레몬 1/4~1/2개

HOW TO MAKE

1. 다진 소고기에 양파, 토마토 페이스트, 마른 오레가노, 마늘, 올리브 오일, 소금, 후추를 넣고 손으로 치대며 고루 섞어놓는다.

2. 콜리플라워 크러스트에 1의 고기를 얹어 고른 두께로 가장자리까지 꼼꼼히 펴준다. 이때 숟가락 뒷면이나 손으로 꾹꾹 눌러가며 펴준다(사진).

3. 200°C로 예열한 오븐에 2를 넣고 20분간 굽는다.

4. 피자를 굽는 동안 토마토 오이 샐러드의 재료 중 오이는 1cm 크기로 깍둑썰기하고 토마토는 4등분해 올리브 오일, 마른 파슬리, 소금과 함께 고루 섞어놓는다.

5. 구워진 피자에 4의 토마토 오이 샐러드를 얹고 레몬즙을 뿌려 먹는다.

> **TIP**
> **도시락 적합**
> 내열용기에 담아 전자레인지에 데워 먹기. 토마토 오이 샐러드와 레몬은 따로 담기

5가지 치즈 피자

칼로리	지방	탄수화물	식이섬유	단백질
917kcal	62.7g	14.2g	2.3g	68.4g

 **INGREDIENTS**

넉넉한 1인분 ──

콜리플라워 크러스트(52쪽 참조)
1장(약 20cm × 25cm)
토마토 페이스트 1큰술
트리플 치즈(모차렐라, 체다, 고다를
잘게 잘라 섞어놓은 것) 100g
브리 60g
크림치즈 30g
마른 파슬리 약간
후추 약간

 HOW TO MAKE

1. 콜리플라워 크러스트에 토마토 페이스트를 고루 펴 바른다.

2. 1 위에 트리플 치즈를 고루 뿌린 후 브리를 한입 크기로 잘라 군데군데 얹고 크림치즈도 잘게 떼어내 군데군데 얹는다.

3. 190℃로 예열한 오븐에서 12분간 구운 후 마른 파슬리를 뿌리고 후추를 갈아준다.

TIP

- 1인분 식사로 넉넉한 양이고 샐러드를 곁들이면 2인이 먹을 수 있는 양이에요.
- 재료의 트리플 치즈는 모차렐라 치즈로 대체할 수 있어요. 그러면 3가지 치즈 피자가 되겠네요.

도시락 적합 내열용기에 담아 전자레인지에 데워 먹기

도시락   마늘 프리

견과류 프리

토마토 프리

아보카도 달걀 샐러드 오픈 샌드위치

1인분

칼로리	지방	탄수화물	식이섬유	단백질
539kcal	45.3g	10g	4.9g	24.8g

 INGREDIENTS

1인분 ―

차플(56쪽 참조) 1쪽
10분간 삶은 달걀(62쪽 참조) 2개
아보카도 과육 70g
(중간 사이즈 1/2개 분량)
마요네즈 1.5큰술
화이트 발사믹 1/2작은술
다진 쪽파 2큰술 이상
딜 오이피클 20g
소금 약간
후추 약간

HOW TO MAKE

1 삶은 달걀은 껍데기를 깐 후 잘게 썰고 아보카도 과육은 깍둑썰기한다. 딜 오이피클은 잘게 다져놓는다.

2 1의 달걀, 아보카도, 딜 오이피클을 볼에 담고 마요네즈와 화이트 발사믹을 넣은 후 포크로 잘 섞는다. 다진 쪽파를 넣고 살살 섞은 후 소금과 후추로 간을 맞춘다.

3 차플에 2의 아보카도 달걀 샐러드를 올리고 여분의 쪽파가 있다면 더 얹어 낸다.

> **TIP**
> - 에그 슬라이서가 있다면 삶은 달걀을 에그 슬라이서로 잘라 볼에 담고 포크로 잘게 잘라보세요. 칼을 사용하는 것보다 훨씬 빠르고 수월하답니다.
> - 딜 오이 피클은 단맛 없이 소금과 식초를 사용하고 딜을 넣어 맛을 낸 피클이에요. 저는 코스트코에서 낼리사의 베이비 딜 피클을 구입해 사용하고 있어요.
>
> **도시락 적합** 차플과 아보카도 달걀 샐러드 따로 담기

Allergy FREE

마늘 프리

달걀 프리

견과류 프리

고르곤졸라 버거

1인분

칼로리	지방	탄수화물	식이섬유	단백질
944kcal	91.2g	12.2g	2.2g	43g

INGREDIENTS

1인분 —

다진 소고기 200g
토마토 도톰한 슬라이스 1조각
(50~60g)
양송이 3개
양파 50g
루꼴라 약간(10g)
생크림 60g
고르곤졸라 20g
올리브 오일 3작은술
라드 1/2큰술
소금 약간
후추 약간

HOW TO MAKE

1 양송이는 슬라이스하고 양파는 채 썰어놓는다.

2 팬에 올리브 오일 2작은술을 두르고 1의 양파와 양송이를 중센불에 노릇하게 볶아 덜어낸다. 중간에 소금과 후추로 간한다.

3 팬에 올리브 오일 1작은술을 두르고 토마토 슬라이스를 중센불에서 앞뒤로 노릇하게 구워낸다. 중간에 소금과 후추로 간한다.

4 다진 소고기를 100g씩 2등분한 후 동그랗고 납작하게 빚는다. 이때 두께는 원하는 것보다 얇게, 특히 가운데는 좀 더 얇게 빚어야 구웠을 때 적당하다.

5 팬을 센불로 달군 후 라드를 녹이고 4의 패티 2장에 소금을 뿌려 굽는다. 패티의 앞뒷면이 갈색으로 구워지면 약불로 줄여 속까지 좀 더 익힌 후 후추를 뿌린다.

6 5의 패티를 굽는 동안 작은 냄비에 생크림과 고르곤졸라를 부수어 넣고 약불에 저어주며 끓여 고르곤졸라 소스를 만든다. 간이 모자라면 소금으로 맞춘다.

7 접시에 루꼴라를 깔고 구운 토마토를 얹은 후 패티 1장을 올리고 고르곤졸라 소스 반을 끼얹어준다. 나머지 패티 1장과 고르곤졸라 소스를 얹고 양송이 양파 볶음을 올린 후 나무꼬챙이로 고정한다.

과카몰리 치킨 오픈 샌드위치

1인분

칼로리	지방	탄수화물	식이섬유	단백질
801kcal	62.4g	12.3g	6g	50g

INGREDIENTS

1인분 ──

닭허벅지살 200g
루꼴라 6~7줄기
과카몰리(60쪽 참조) 1인분(110g)
할라피뇨 피클 10g
마요네즈 1큰술
스리라차 소스 1/2작은술
차플(56쪽 참조) 1쪽
라드 1큰술
소금 약간
후추 약간

HOW TO MAKE

1 마요네즈와 스리라차 소스를 섞어 스리라차 마요 소스를 만들어놓는다.

2 팬에 라드를 녹이고 닭허벅지살에 소금을 앞뒤로 뿌리며 겉면이 노릇해지도록 중센불에 굽는다.

3 닭고기의 겉면이 노릇 바삭하게 구워지면 불을 약중불로 줄이고 닭고기의 속까지 충분히 익혀준 후 후추를 뿌려놓는다.

4 차플에 1의 스리라차 마요 소스를 바르고 루꼴라를 얹은 후 구운 닭고기, 과카몰리, 할라피뇨를 얹는다.

5 취향에 따라 후추를 조금 더 갈아준 후 먹는다.

바사삭 햄 & 에그 치즈롤

1인분

칼로리	지방	탄수화물	식이섬유	단백질
567kcal	49.3g	2.5g	0g	28.6g

 **INGREDIENTS**

1인분 ─

파르미지아노 레지아노 30g
얇은 샌드위치용 햄 2장(20g)
달걀 2개
생크림 2큰술
버터 20g
소금 약간
후추 약간

 **HOW TO MAKE**

1 달걀에 생크림을 넣고 잘 풀어준 후 소금과 후추로 간을 맞춘다.

2 파르미지아노 레지아노는 치즈 그레이터를 이용해 갈아놓는다.

3 팬에 버터를 녹이고 1의 달걀물을 부어 약중불에 저어주며 익혀 달걀 스크램블을 만들어 접시에 덜어낸다.

4 팬을 기름기가 없도록 키친타월로 닦고 2의 파르미지아노 레지아노를 바닥이 안 보일 정도로 소복하고 고르게 깐 후 약불에 올린다. 이때 치즈의 지름이 15cm 이상은 되어야 나중에 내용물을 감싸기가 편하다(사진 A~D).

5 약불을 유지하며 굽다가 치즈가 노르스름하게 색이 변하면 불에서 내리고 슬라이스햄과 3의 달걀 스크램블을 올린 후 재빨리 감싸준다.

TIP
- 구운 파르미지아노 레지아노 치즈는 식으면서 바삭해지기 때문에 과정 5에서 치즈가 식기 전에 빠르게 감싸야 치즈가 부서지지 않아요.
- 과정 4에서 파르미지아노 레지아노만 구워 식히면 바삭바삭한 파마산칩으로 즐길 수 있어요.

마늘프리 도시락

치즈버거 베이크

전체

칼로리	지방	탄수화물	식이섬유	단백질
702kcal	56.5g	11.2g	3.1g	38.8g

INGREDIENTS

넉넉한 3인분 혹은 4인분

다진 소고기 400g
양파 50g
딜 오이 피클 40g
할라피뇨 피클 슬라이스 10조각
무설탕 케첩 3큰술
옐로 머스터드 1 + 1/2큰술
체더치즈 슬라이스 5장
소금 1/3작은술
후추 1/4작은술
라드 1/2큰술
양상추 약간

팻헤드도우

아몬드가루 100g
슈레드 모차렐라 170g
크림치즈 50g
달걀 1개
베이킹파우더 1작은술
애플 사이더 식초 1/2작은술

HOW TO MAKE

1. 팬에 라드를 녹이고 소고기를 볶는다. 중간에 소금과 후추를 넣어 간하고 수분이 없도록 고슬고슬하게 볶아 식혀놓는다.
2. 양파는 채 썰고 딜 오이 피클은 얇게 슬라이스해놓는다.
3. 내열용기에 모차렐라와 크림치즈를 담고 전자레인지에서 1분간 돌린 후 섞고 치즈가 모두 녹을 때까지 30초씩 추가로 돌리며 고르게 섞는다.
4. 3에 달걀을 넣고 고르게 섞일 때까지 숟가락으로 젓는다.
5. 4에 아몬드가루, 베이킹파우더, 식초를 넣고 손으로 치대 팻헤드도우 반죽을 만든다.
6. 5의 팻헤드도우 반죽을 2등분한 후 각각 종이 포일을 위아래로 깔고 밀대로 밀어 20cm × 30cm 크기 2장을 만든다.
7. 6의 반죽 중 1장을 종이 포일째 넓은 오븐용 팬에 올리고 윗면의 종이 포일만 제거한 후 무설탕 케첩과 머스터드를 반죽의 테두리만 남기고 고루 바른다.
8. 7의 케첩과 머스터드 위에 볶은 고기, 체더치즈, 양파, 딜 피클, 할라피뇨 피클을 올린다(사진 A).
9. 남겨둔 반죽 1장의 종이 포일을 제거하고 8 위에 올린 후 가장자리를 아래에서 위로 꼬집듯 손가락으로 집어 위아래 반죽을 붙인다(사진 B).
10. 210℃로 예열한 오븐에서 15분간 굽는다.
11. 구워진 치즈버거 베이크에 양상추를 곁들여 먹는다.

> **TIP**
> 딜 오이 피클은 설탕 없이 소금과 식초에 딜을 넣어 맛을 낸 오이피클을 말해요. 여기서는 어른 손가락 길이 정도의 오이로 만든 피클을 사용했어요. 참고로 새끼손가락보다 작은 아기 오이를 사용한 코니숑 피클은 식감이 약간 무른 편이에요.
>
> **도시락 적합**

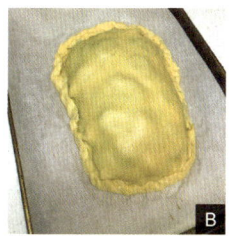

카르보나라 파스타

1인분(주키니)

칼로리	지방	탄수화물	식이섬유	단백질
362kcal	26.7g	7.2g	2.2g	23.8g

1인분(미역국수)

칼로리	지방	탄수화물	식이섬유	단백질
359kcal	26.9g	6g	0.7g	23.7g

INGREDIENTS

1인분 —
국수 모양으로 자른 주키니 150g
(혹은 미역국수 180g)
베이컨 100g
달걀노른자 1개
파르미지아노 레지아노 30g
다진 마늘 1/2작은술
올리브 오일 1작은술
후추 적당량

HOW TO MAKE

1 베이컨은 2cm 너비로 잘라놓고 파르미지아노 레지아노는 작은 구멍 치즈 그레이터를 이용해 곱게 갈아놓는다.

2 갈아놓은 파르미지아노 레지아노에 뜨거운 물 20g과 달걀노른자를 넣고 손거품기로 휘저어 소스를 만들어놓는다.

3 팬에 올리브 오일을 두르고 1의 베이컨을 볶다가 베이컨이 노릇하게 익기 시작하면 약불로 줄인 후 마늘을 넣고 조금 더 볶는다.

4 마늘이 익은 향이 나면 국수 모양으로 자른 주키니를 넣고 주키니에 오일을 고루 입힌다는 기분으로 섞듯이 볶는다. 주키니가 익을 정도로 오래 볶지 않는다.

5 4의 주키니면을 접시에 담고 2의 소스를 끼얹은 후 후추를 넉넉히 갈아 버무려 바로 먹는다.

TIP
- 미역국수를 사용할 땐 과정 4에서 미역국수가 뜨거워질 정도로 볶은 후 소스에 버무려내면 됩니다(사진).
- 주키니면을 소스에 버무리고 나면 주키니에서 물이 나오니 버무려서 바로 먹는 게 좋아요.

페스토 파스타

1인분

칼로리	지방	탄수화물	식이섬유	단백질
521kcal	40.4g	13.4g	7.7g	29.6g

INGREDIENTS

1인분 ——

우동 모양 곤약 1봉(200g)
닭안심 100g
느타리 50g
방울토마토 2개
바질 페스토(58쪽 참조) 3큰술
올리브 오일 1큰술
소금 약간
후추 약간
파르미지아노 레지아노 약간

HOW TO MAKE

1 느타리는 가닥가닥 찢어놓고 방울토마토는 반으로 갈라놓는다. 곤약은 씻은 후 체에 밭쳐 물기를 뺀다.

2 닭안심은 1cm 두께로 어슷하게 자른 후 소금과 후추를 뿌려 밑간한다.

3 팬에 올리브 오일을 두르고 닭안심과 느타리를 넣어 센불에 볶는다.

4 닭안심이 익으면 곤약을 넣고 곤약 전체가 뜨거워지도록 충분히 달달 볶는다. 중간에 소금 1/4작은술과 후추를 넣어 간하며 볶는다.

5 불에서 내린 후 페스토와 방울토마토를 넣어 고루 섞는다.

6 접시에 완성된 파스타를 담고 파르미지아노 레지아노를 갈아서 뿌려준다.

달걀 프리

견과류 프리

토마토 프리

화이트 볼로네제 파스타

1인분

칼로리	지방	탄수화물	식이섬유	단백질
739kcal	62.5g	11.5g	2.7g	28g

 INGREDIENTS

1인분 ——

화이트 볼로네제(74쪽 참조) 1인분 (150g)
주들스(54쪽 참조) 1인분
파르미지아노 레지아노(선택) 약간
후추 약간

HOW TO MAKE

1. 주들스를 만들어 그릇에 담는다.
2. 화이트 볼로네제를 따끈하게 냄비에 데워 1에 얹는다.
3. 파르미지아노 레지아노를 약간 갈아서 뿌리고 후추를 갈아준다.

> **TIP**
> 화이트 볼로네제를 만들어 얼려두었다면 사용하기 하루 전에 냉장실로 옮겨 해동한 후 냄비에 담아 저어주며 데우면 됩니다.
>
> **도시락 적합**
> 볼로네제만 내열용기에 담아가서 데우고 주들스는 따로 담아 먹을 때 버무리기

아보카도 베이컨 콜드 파스타

1인분

칼로리	지방	탄수화물	식이섬유	단백질
769kcal	72.2g	17.8g	8.2g	16.8g

INGREDIENTS

1인분 —

주들스(54쪽) 1인분
베이컨 100g
방울토마토 3개
아보카도 과육 80g
(큰 것 기준 1/2개 분량)
생크림 80g
파르미지아노 레지아노 10g
올리브 오일 1/2큰술
소금 1/8작은술
후추 약간

HOW TO MAKE

1   베이컨은 바삭하게 구워서 식힌 후 1~2cm 너비로 잘라놓는다. 방울토마토는 반으로 잘라놓는다.

2   파르미지아노 레지아노를 칼로 대충 다지거나 치즈 그레이터로 갈아준 후 아보카도, 생크림, 올리브 오일, 소금과 함께 믹서에 넣어 곱게 갈아 아보카도 크림 소스를 만든다.

3   주들스를 만들어 구운 베이컨, 방울토마토, 2의 소스와 함께 버무린 후 바로 먹는다. 간이 모자라면 소금으로 맞춘다.

TIP
냉동 아보카도를 냉장실에서 해동한 후 소스 재료로 사용해도 좋아요.

참치 콜드 파스타

1인분

칼로리	지방	탄수화물	식이섬유	단백질
545kcal	49.5g	11.3g	1.2g	17.4g

 INGREDIENTS

1인분 —

참치 캔 80g
방울토마토 100g
생바질 5g
(일반 마트 포장된 것의 1/2분량)
마요네즈 1큰술
올리브 오일 1큰술
리퀴드 아미노스 1작은술
애플 사이더 식초 1작은술
다진 마늘 1/4작은술
후추 약간
주들스(54쪽 참조) 1인분

HOW TO MAKE

1 참치 캔의 내용물을 오목한 그릇에 담고 기울여 숟가락으로 꾹꾹 눌러주며 국물과 기름을 따라낸다.

2 방울토마토는 크기에 따라 4~6등분으로 잘라놓고 생바질은 채 썰거나 잘게 다져놓는다.

3 1의 참치에 마요네즈, 올리브 오일, 리퀴드 아미노스, 애플 사이더 식초, 다진 마늘, 후추를 넣고 참치를 잘게 부수며 고루 섞는다.

4 3에 방울토마토와 생바질을 넣고 젓가락으로 살살 버무려 참치 토마토 소스를 만든다.

5 주들스를 만들어 4의 참치 토마토 소스를 얹어 낸다.

> **TIP**
> 참치 토마토 소스는 아보카도에 얹어 먹어도 아주 맛있어요. 더운 여름날 불 쓰지 않고 먹는 점심 메뉴로 좋겠죠.
>
> **도시락 적합**
> 주들스와 소스 따로 담기

PART 3

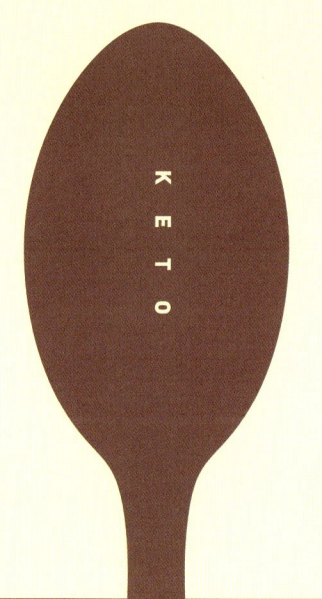

칼로리 걱정 없는
키토식 샐러드

제가 만드는 키토식 샐러드는 다이어트용으로 식사 대신 선택하던 그것과는 좀 달라요. 칼로리 신경 안 쓰고 동물성 재료도 넉넉히 올리고 건강한 오일 드레싱도 얼마든지 사용할 수 있거든요.

저는 단맛이 나는 샐러드 드레싱을 즐기지 않는 편이라 사실 오레가노 비니그릿 하나면 어떤 샐러드이든 드레싱이 해결돼요. 씻어서 물기를 말끔히 털어낸 푸성귀에 달걀이나 구운 고기를 얹고 오레가노 비니그릿을 뿌려 먹으면 깔끔하면서도 참 맛있어요. 아삭한 식감이 있는 갖가지 채소들을 잘게 썰고 햄과 스모크 치즈를 깍둑썰기해서 넣은 후 오레가노 비니그릿과 함께 삭삭 버무린 스모크치즈 햄 찹 샐러드도 종종 즐기는 샐러드예요.

저와는 취향이 다른 분도 있을 테니 좀 더 다양한 맛을 알려드리기 위해 이 책에서는 다른 맛의 조합도 여러 가지 소개했어요. 이 책에서 소개한 샐러드 메뉴는 한 끼 식사로도 좋지만 풍성하게 담아내면 손님 초대 요리로도 손색이 없답니다.

스모크 치즈 햄 찹 샐러드

1인분

칼로리	지방	탄수화물	식이섬유	단백질
482kcal	42.4g	10.5g	3.6g	18.9g

INGREDIENTS

넉넉한 2인분 혹은 3인분

양상추(혹은 로메인) 200g
적양배추 100g
방울토마토 100g
적양파 50g
스모크 치즈 100g
고기 함량 90% 이상 덩어리 고기로 만든 햄(혹은 초리소) 150g
피칸 50g
오레가노 비니그릿(66쪽 참조) 4큰술
올리브 오일 1큰술
소금 약간
후추 약간

HOW TO MAKE

1 양상추(혹은 로메인), 적양배추, 적양파는 채 썰고 방울토마토는 반으로 갈라놓는다.

2 스모크 치즈, 햄은 1.5cm 크기로 깍둑썰기한다. 초리소를 사용할 경우에는 0.5cm 두께로 채 썰어 준비한다(사진).

3 큰 볼에 1과 2의 재료를 모두 담고 오레가노 비니그릿과 올리브 오일을 넣어 가볍게 섞는다.

4 간이 모자라면 소금을 추가하고 후추를 넉넉히 갈아주고 섞는다.

> **TIP**
> 찹 샐러드에는 힘이 있고 아삭한 식감의 잎채소가 어울리니 양상추나 로메인을 사용해주세요.
> **도시락 적합** 모든 재료를 한 용기에 담고 드레싱과 올리브 오일만 따로 담아가 먹기 직전에 버무린다.

구운 토마토 부라타 샐러드

1인분

칼로리	지방	탄수화물	식이섬유	단백질
699kcal	69.9g	12.7g	1.9g	21.5g

INGREDIENTS

1인분 ──

아보카도 큰 것 1/2개
오븐에 구운 토마토 절임(48쪽 참조) 70g
페스토 비니그릿(68쪽 참조) 2큰술
부라타 치즈 2덩이(약 100g)
후추 약간

HOW TO MAKE

1. 아보카도는 껍질과 씨를 제거하고 먹기 좋게 슬라이스하거나 깍둑썰기 한다.
2. 접시에 아보카도를 담고 토마토 절임을 얹은 후 부라타 치즈를 적당히 뜯어서 올린다.
3. 페스토 비니그릿을 고루 뿌리고 후추를 약간 갈아준다.

TIP
- 오븐에 구운 토마토 절임은 오일에 흠뻑 적셔 덜어내어 얹어 드세요.
- 부라타 치즈 대신 생모차렐라를 사용해도 좋아요.

도시락 적합

마늘 프리

유제품 프리

달걀 프리

견과류 프리

도시락

문어 올리브 샐러드

1인분

칼로리	지방	탄수화물	식이섬유	단백질
411kcal	29g	10.1g	2.3g	28.4g

INGREDIENTS

넉넉한 2인분 혹은 3인분

자숙문어 300g
껍데기를 벗긴 새우 200g
방울토마토 130g
셀러리 120g
적양파 60g
올리브 80g

드레싱

올리브 오일 5큰술
화이트 발사믹 2큰술
화이트와인 식초 1큰술
레몬즙 2큰술
마른 파슬리 2작은술
소금 1/2작은술
후추 1/4작은술

셀러리나 셀러리잎 약간
소금 약간

HOW TO MAKE

1. 냄비에 자숙문어를 담고 문어가 잠기도록 물을 부은 후 셀러리 약간(혹은 손질 후 남은 셀러리잎)을 넣고 소금을 약간 넣은 후 불에 올린다. 끓으면 중불로 낮추고 40분~1시간 익힌다.
2. 1의 문어를 건져내어 식으면 다리는 어슷하게 썰고 나머지 부위는 먹기 좋게 잘라놓는다.
3. 1의 문어 삶은 물을 다시 끓여 새우를 넣고 새우 색이 변하면 바로 건져 찬물에 헹궈 식힌 후 체에 밭쳐 물기를 빼놓는다.
4. 방울토마토는 반으로 잘라놓고 셀러리는 얇게 어슷썰기한다. 적양파는 채 썰어놓는다.
5. 볼에 문어, 새우, 방울토마토, 셀러리, 적양파, 올리브를 담고 드레싱 재료를 모두 섞어 부은 뒤 고루 뒤적여준다.
6. 차갑게 냉장 보관했다가 먹는다.

TIP

- 문어는 싱싱한 것을 살짝 익혀 얇게 썰거나 반대로 오래 익히면 부드럽게 먹을 수 있습니다. 여기서는 구하기 쉬운 자숙문어를 다시 한 번 삶는 방식으로 오래 익혀 조직이 부드러워지게 하는 방법을 택했어요. 문어의 조직이 연해지도록 오래 삶는 것은 스페인이나 포르투갈에서 문어를 조리하는 방식이에요.
- 냉장고에 차갑게 보관했다가 손님 초대 시 대접 메뉴로, 여름철 도시락 메뉴로도 좋아요.

도시락 적합

쏨땀맛 소고기 무 샐러드

1인분

칼로리	지방	탄수화물	식이섬유	단백질
773kcal	69.9g	10g	4.4g	27.3g

INGREDIENTS

2인분 ——

무 250g
토마토 120g
차돌박이나 우삽겹살 300g
피칸 30g
고수 약간
소금 약간
후추 약간

쏨땀 양념

마른 새우 10g
마른 쥐똥고추 4개
마늘 1쪽
레몬즙 3큰술
올리브 오일 2큰술
에리스리톨 1 + 1/2큰술
어간장 1 + 1/2큰술

HOW TO MAKE

1. 쏨땀 양념 재료 중 마른 새우, 쥐똥고추, 마늘을 절구에 넣고 잘게 빻는다. 절구가 없다면 잘게 칼로 다진다.

2. 1에 레몬즙, 올리브 오일, 에리스리톨, 어간장을 넣고 잘 섞어 쏨땀 양념을 만들어놓는다.

3. 무는 고른 두께로 채 썰어 준비하고 토마토는 한입 크기로 잘라놓는다. 피칸과 고수는 성기게 다져놓는다.

4. 차돌박이는 소금과 후추로 간을 하며 구워놓는다.

5. 무, 토마토에 2의 쏨땀 양념과 피칸 넣어 버무리고 구운 고기와 고수를 얹어 바로 먹는다.

> **TIP**
> • 양념을 버무리고 나면 무에서 수분이 많이 나오니 양념은 먹기 직전에 버무리세요.
> • 여기에 있는 분량대로 만들면 꽤 매콤해요. 매운 것을 잘 먹지 못한다면 쥐똥고추의 양을 줄여서 만드세요.

쯔유 파마산 우동 샐러드

1인분

칼로리	지방	탄수화물	식이섬유	단백질
415kcal	32.3g	10.3g	6.9g	22.7g

INGREDIENTS

1인분 —

우동 모양 곤약면 200g
베이컨 100g
온천 달걀(64쪽 참조) 1개
베이비 시금치(혹은 베이비 채소) 30g
진주표 키토 쯔유(44쪽 참조) 4큰술
올리브 오일 1큰술
대파 20g
파르미지아노 레지아노 15g
후추 약간

HOW TO MAKE

1 곤약면은 씻어서 체에 밭쳐 물기를 빼놓는다. 베이비 시금치는 씻어서 샐러드 스피너에 돌려 물기를 뺀다. 대파는 잘게 송송 썰어놓는다.

2 베이컨은 바삭하게 구워서 2cm 너비로 잘라놓는다.

3 팬에 올리브 오일, 대파, 곤약면을 넣고 약중불에 충분히 볶는다.

4 대파가 드문드문 노릇해지기 시작하면 쯔유를 붓고 센불로 키워 쯔유의 수분이 다 졸아 없어질 때까지 곤약면을 달달 볶는다.

5 수분기 없이 볶아진 4의 곤약면을 그릇에 옮겨 담고 한 김 식힌다.

6 5 위에 베이비 시금치와 구운 베이컨을 얹고 온천 달걀을 올린 후 파르미지아노 레지아노를 갈아준다.

7 후추를 갈아준 후 온천 달걀을 소스 삼아 비벼 먹는다.

> **TIP**
> 도시락 적합

마늘 프리

달걀 프리

도시락

구운 할루미와 토마토 샐러드

1인분

칼로리	지방	탄수화물	식이섬유	단백질
761kcal	75.3g	10.6g	3.7g	26.4g

INGREDIENTS

1인분 —

할루미 치즈 100g
루꼴라 50g
방울토마토 100g
피칸 30g
올리브 오일 1/2큰술
소금 약간
후추 약간

드레싱

올리브 오일 1 + 1/2큰술
발사믹 식초 1/2작은술
와인 식초 1/2작은술
소금 약간
후추 약간

HOW TO MAKE

1. 할루미 치즈는 1cm 두께로 슬라이스한 후 먹기 좋은 크기로 자른다. 루꼴라와 방울토마토는 씻어서 물기를 뺀다.
2. 팬에 올리브 오일 1/2큰술을 두르고 할루미 치즈를 노릇하게 굽는다.
3. 치즈를 구울 때 팬 한쪽에 방울토마토도 소금과 후추로 간하며 굽는다.
4. 그릇에 루꼴라를 담고 구운 할루미 치즈와 토마토를 담은 후 피칸을 얹는다.
5. 드레싱 재료를 고루 섞어 뿌린다.

> **TIP**
> - 할루미 치즈는 녹는점이 높아서 노릇하게 구우면 겉면이 바삭해지는 치즈예요. 구워진 치즈는 식감도 뽀드득거려요. 할루미 대신 국내산 구워 먹는 치즈를 사용해도 좋아요. 구워 먹는 치즈는 모차렐라와 좀 더 비슷해서 겉면을 노릇하게 구우면 속은 부드럽게 변해요.
> - 드레싱 재료 중 와인 식초 대신 애플 사이더 식초를 사용해도 좋아요.
>
> **도시락 적합** 드레싱은 따로 담기

달걀 프리

토마토 프리

페스토 비니그릿 단호박 훈제연어 샐러드

1인분

칼로리	지방	탄수화물	식이섬유	단백질
712kcal	57.4g	9.4g	1.7g	39.7g

 INGREDIENTS

1인분 —

단호박 100g
훈제연어 200g
사워크림 2큰술
페스토 비니그릿(68쪽 참조) 3큰술
루꼴라(혹은 베이비 채소) 약간
래디시(선택) 2개
기버터(혹은 올리브 오일) 1/2큰술
후추 약간

 HOW TO MAKE

1 단호박은 한입 크기로 도톰하게 잘라놓는다. 래디시는 슬라이스하고 루꼴라는 씻어서 물기를 빼놓는다.

2 팬에 기버터를 녹이고 단호박을 노릇하게 구워 식혀준다.

3 그릇에 루꼴라, 훈제연어, 구운 단호박, 래디시를 담은 후 사워크림을 얹고 페스토 비니그릿을 끼얹는다. 후추를 약간 갈아준다.

Allergy FREE

마늘 프리

견과류 프리

토마토 프리

구운 버섯 수란 샐러드

1인분

칼로리	지방	탄수화물	식이섬유	단백질
624kcal	58.5g	6.9g	1.9g	20.3g

 **INGREDIENTS**

1인분 ─
달걀 2개
버섯(새송이, 양송이, 만가닥 등) 150g
루꼴라 25g
올리브 오일 1큰술
진주표 마요네즈(46쪽 참조) 2큰술
파르미지아노 레지아노 5g
트러플 오일(선택) 1작은술
식초 2작은술
소금 약간
후추 약간

 HOW TO MAKE

1 오목한 그릇에 달걀 1개를 노른자가 터지지 않게 깨놓는다.

2 냄비에 달걀 1개가 충분히 잠길 만큼의 물을 담고 소금을 약간 넣어 불에 올린다.

3 2의 물 표면이 보글보글 끓으면 식초를 넣고 약불로 줄인다.

4 물 표면이 보글거리지 않고 냄비 바닥에서 기포 2~3개가 올라오는 정도가 되면 가운데를 숟가락으로 둥글게 휘저어 소용돌이를 만든 후 가운데에 1의 달걀을 가만히 붓는다.

5 3~4분간 익힌 후 달걀을 조심히 건져 찬물에 담근다.

6 수란을 만들고 난 냄비의 물을 다시 끓인 후 약불로 줄이고 과정 4~5대로 수란을 하나 더 만든다.

7 버섯은 종류에 따라 먹기 좋게 슬라이스하거나 잘라놓는다.

8 달군 팬에 올리브 오일을 두르고 버섯을 넣은 후 중센불에서 굽는다. 노릇하게 구워지기 시작하면 소금과 후추로 간한다.

9 접시에 루꼴라를 깔고 소금을 살짝 뿌린 후 구운 버섯과 수란을 올린다.

10 파르미지아노 레지아노를 치즈 그레이터를 이용해 갈거나 감자필러로 깎아서 올리고 트러플 오일을 뿌린 후 진주표 마요네즈를 곁들인다.

TIP
- 진주표 마요네즈는 홀랜다이즈 소스와 질감과 맛이 비슷해서 버섯이나 달걀 요리에 잘 어울려요.
- 과정 1~5로 수란을 여러 개 만든 후 찬물에 잠긴 채로 밀폐용기에 담아 냉장고에 두면 2~3일은 보관할 수 있어요.
- 수란을 만들 때 필요한 식초는 아무 식초나 괜찮으니 저렴한 것을 사용해도 돼요.

리코타 찹 샐러드

1인분

칼로리	지방	탄수화물	식이섬유	단백질
641kcal	56.9g	19.1g	6.5g	18.7g

 INGREDIENTS

1인분 ——

베이컨 100g
로메인 80g
적양배추 50g
방울토마토 50g
셀러리 30g
비트 30g
피칸 20g
리코타 치즈 60g

드레싱
올리브 오일 2큰술
발사믹 2작은술
레드와인 식초 1작은술
홀그레인 머스터드 1/2작은술
소금 1~2꼬집
후추 약간

 HOW TO MAKE

1. 베이컨은 바삭하게 구운 후 식혀서 잘게 썰어놓는다.

2. 로메인은 1cm 너비로 자르고 적양배추는 채 썰고 방울토마토는 4등분 한다. 셀러리는 송송 썰고 비트는 채 썰어 준비한다. 피칸은 그대로 사용하거나 굵직하게 다져놓는다.

3. 베이컨, 로메인, 적양배추, 방울토마토, 셀러리, 비트, 피칸을 볼에 담고 드레싱 재료를 모두 부어준 후 고루 뒤적여 섞는다(사진).

4. 3의 샐러드에 리코타 치즈를 얹어 낸다.

> **TIP**
> - 여러 가지 채소가 어우러져 씹는 식감이 좋으면서 포만감이 있는 샐러드예요.
> - 여기에 사용된 채소가 아니어도 당근, 파프리카, 피망, 오이 등 조금씩 남은 채소가 있다면 찹 샐러드 재료로 활용해보세요.
>
> **도시락 적합** 리코타 치즈와 드레싱은 따로 담기

도시락 | 마늘 프리
토마토 프리

라즈베리 고르곤졸라 샐러드

1인분

칼로리	지방	탄수화물	식이섬유	단백질
563kcal	49.1g	8.1g	4.6g	24.2g

 INGREDIENTS

1인분 —

치커리 50g
베이컨 60g
8분 삶은 달걀(62쪽 참조) 2개
고르곤졸라 치즈 20g
피칸 15g
라즈베리 드레싱 3큰술

라즈베리 드레싱(6큰술 분량)
라즈베리(냉동 혹은 생) 40g
올리브 오일 2.5큰술
생수 1큰술
발사믹 식초 1큰술
양파가루 1/2작은술
에리스리톨 1/2작은술
소금 2꼬집
후추 약간

 HOW TO MAKE

1. 냉동 라즈베리는 완전히 해동한다.
2. 라즈베리를 포함한 모든 라즈베리 드레싱 재료를 미니 믹서에 담아 곱게 갈아 라즈베리 드레싱을 만든다.
3. 치커리는 씻어서 한입 크기로 자른 후 샐러드 스피너에 돌려 물기를 제거해놓는다.
4. 달걀은 먹기 좋게 잘라놓고 베이컨은 바삭하게 구워서 잘게 잘라놓는다.
5. 그릇에 치커리를 깔고 달걀과 베이컨을 올린 뒤 피칸을 고루 뿌린다.
6. 고르곤졸라 치즈를 손으로 잘게 부수어 샐러드에 얹고 2의 라즈베리 드레싱을 곁들여 먹는다.

> **TIP**
> - 고르곤졸라 치즈는 단맛이 잘 어울려 드레싱을 약간 달달하게 만들었어요. 원치 않는다면 드레싱에 들어간 에리스리톨을 빼고 만들어도 좋아요.
> - 라즈베리 드레싱 1큰술은 53kcal, 지방 5.7g, 탄수화물 0.8g, 식이섬유 0.4g 단백질 0.1g이에요.
>
> **도시락 적합** 드레싱 따로 담기

도시락　달걀 프리

견과류 프리

아보카도 그릭 샐러드

1인분

칼로리	지방	탄수화물	식이섬유	단백질
638kcal	58g	26.3g	11.8g	10.6g

 **INGREDIENTS**

1인분 —

아보카도 작은 것 1개
방울토마토 100g
루꼴라 30g
오이 50g
적양파 50g
올리브 10알
페타 치즈 40g
오레가노 비니그릿(66쪽 참조)
3큰술
후추 약간

 **HOW TO MAKE**

1. 아보카도는 껍질과 씨를 빼고 얇게 슬라이스한다. 방울토마토는 반으로 갈라놓고 적양파는 채 썬다. 오이는 감자필러를 이용해 얇게 슬라이스하거나 동그란 모양으로 얇게 썰어놓는다.

2. 그릇에 루꼴라를 깔고 아보카도를 고루 올린 후 방울토마토, 올리브, 오이를 올린다.

3. 페타 치즈를 손으로 잘게 부수어서 뿌리고 후추를 갈아준 후 오레가노 비니그릿을 곁들여 낸다.

> **TIP**
> 적양파가 아닌 일반 양파를 사용할 경우 채 썰어 찬물에 담가 매운맛을 뺀 후 사용하세요.
> **도시락 적합** 드레싱은 따로 담기. 아보카도의 색이 변하는 게 싫다면 아보카도는 껍질째 가져가 먹을 때 잘라 넣는다.

PART 4

영혼까지 든든해지는
키토식 국물 요리

키토식이라고 하면 고기와 채소를 굽거나 볶아 먹는 방식을 많이 떠올릴 거예요. 하지만 막상 해보면 매 끼니를 굽기와 볶기만 해서 먹으면 질리는 게 사실이에요. 키토식에서 의외로 자주 찾게 되고 만족스런 메뉴가 국물 요리더라고요.

국물 요리는 나트륨 섭취에도 큰 도움이 돼요. 국물을 먹으면 나트륨 섭취가 많아지니 국물 먹지 마라는 이야기는 수도 없이 들었지요? 희한하게 들리지만 이제는 딱 그 반대로 하면 됩니다. 탄수화물 섭취를 줄이면 소변으로 나트륨이 수분과 함께 빠져나가기 때문에 전해질 불균형이 올 수 있어서 키토식에서는 충분한 나트륨 섭취와 수분 섭취가 아주 중요해요. 키토식에 대해 알아보셨다면 많이 접했을 내용이지만 중요한 부분이니 다시 한 번 강조할게요.

저도 예전에는 저염식과 통곡물 위주의 소위 '건강식'으로 챙겨먹었던지라 키토식을 시작한 초반에 나트륨을 충분히 섭취한다는 게 쉽지 않았어요. 그럴 때 국물 요리를 충분히 간을 해서 국물까지 주욱 다 들이키는 방법이 많은 도움이 되었답니다.

영혼까지 뜨듯하게 해줄 맛있는 국물 요리를 소개합니다. 삼겹살을 넉넉히 넣고 만든 돈지루는 한 대접 먹고 나면 얼마나 든든한지 몰라요. 손쉬운 재료로 뚝딱 만드는 무 명란 달걀탕도 푸근하니 맛있고요. 크림을 넣고 만든 대파 굴 스튜와 소고기 크림 스튜도 풍성하고

참 맛있어요. 맛있는 굴이 나오는 계절이 되면 하얀 굴짬뽕을 꼭 만들어보세요. 제 쿠킹 클래스에서 선보였더니 "이건 키토식의 맛이 아니다."라며 호응이 좋았던 국수 없는 베트남 쌀국수도 소개합니다. 여기에 소개된 메뉴만 만들어보아도 한동안 행복한 키토식을 하게 될 거예요.

국물 요리는 미리 만들어두었다가 내열용기에 담아 도시락으로 싸도 훌륭하답니다. 데워 먹을 환경이 마땅치 않다면 보온병에 담아가세요. 보온병 내부에 끓는 물을 부어두었다가 잠시 후 따라내고 뜨겁게 데운 국물 요리를 담아가면 점심 무렵 따뜻하게 먹을 수 있어요. 일반식을 하는 식구나 친구들과도 즐겨보세요. 앞으로 키토식을 함께할 동지가 늘어날지도 몰라요!

도시락   유제품 프리

달걀 프리

견과류 프리

토마토 프리

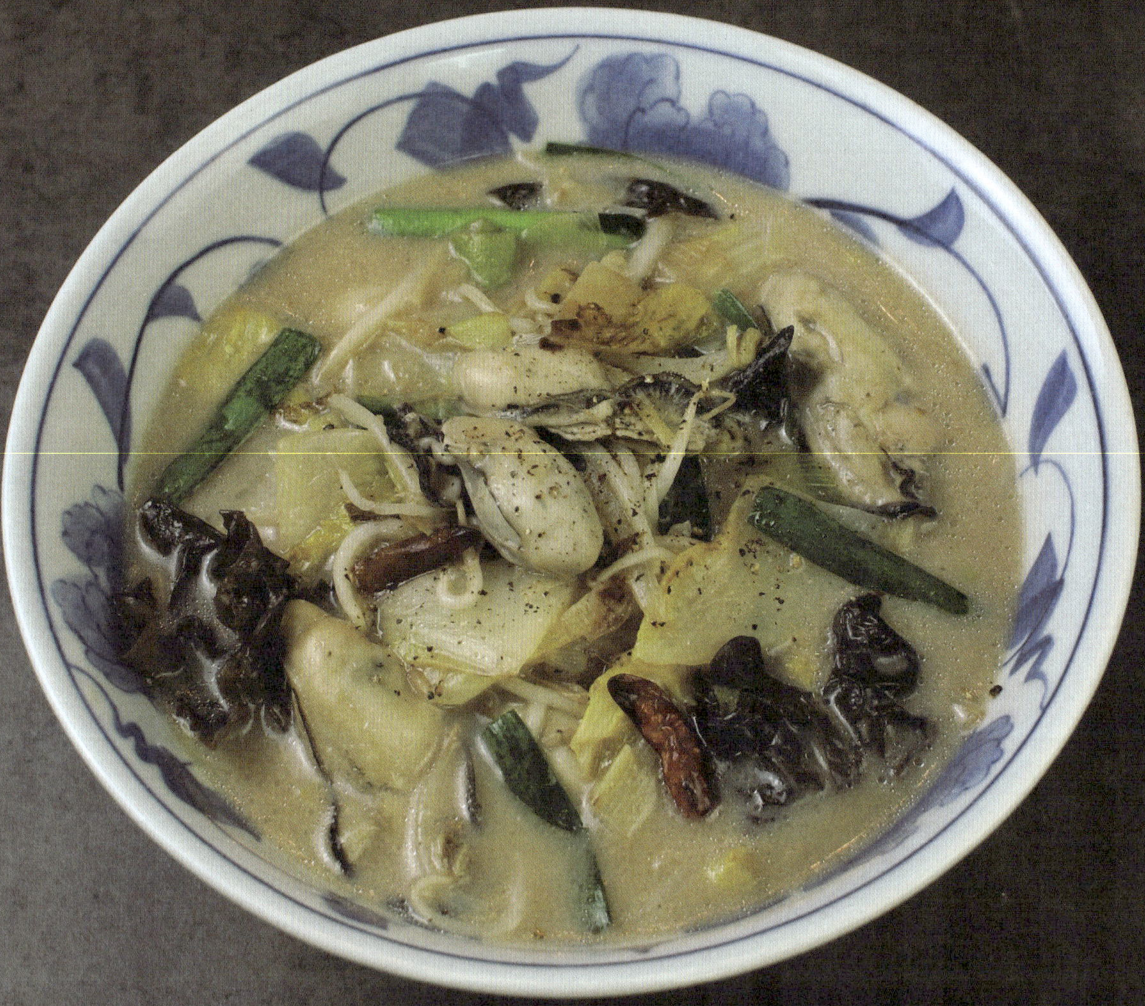

하얀 굴짬뽕

1인분

칼로리	지방	탄수화물	식이섬유	단백질
563kcal	38.6g	25.9g	6.5g	25.3g

INGREDIENTS

넉넉한 1인분 ——

사골국물(78쪽 참조) 300ml
굴 200g
알배기 배추 100g
숙주 100g
양파 50g
부추 30g
마른 목이버섯 5g
대파 40g
다진 마늘 1작은술
생강 마늘 1/2쪽 크기 1조각
마른 쥐똥고추 4~5개
리퀴드 아미노스 2작은술
라드 1.5큰술
소금 약간
후추 약간

HOW TO MAKE

1. 마른 목이버섯은 30분간 찬물에 담가 불린 뒤 딱딱한 밑동은 가위로 잘라내고 먹기 좋은 크기로 뜯어놓는다.

2. 굴은 연한 소금물에 흔들어 씻은 후 체에 밭쳐 물기를 빼놓는다.

3. 숙주는 씻어서 물기를 빼놓고 배추는 한입 크기로 썰고 양파는 채 썬다. 부추는 5cm 길이로 잘라놓는다. 대파는 송송 썰고 생강은 가늘게 채 썰어 준비한다.

4. 웍에 라드를 녹이고 대파, 마늘, 생강, 쥐똥고추를 넣어 약중불에 볶는다.

5. 대파가 부드럽게 익고 마늘 익은 향이 나면 배추와 양파를 넣고 센불로 키워 배추와 양파가 군데군데 노릇하게 구워지도록 익힌다. 이때 볶지 말고 가끔 뒤적여준다.

6. 5에 목이버섯을 넣어 뒤적여주고 웍의 한쪽으로 재료를 몰아놓은 후 빈 곳에 리퀴드 아미노스를 넣어 자글자글 캐러멜라이즈하여 재료와 고루 섞는다. 이때 센불을 유지한다.

7. 6에 사골국물을 넣고 국물이 보글보글 끓으면 굴을 넣는다.

8. 잠시 후 굴이 익으면 숙주를 넣고 한소끔 끓인 후 소금과 후추로 간한다.

9. 부추를 넣고 섞은 뒤 불에서 내린다.

> **TIP**
> - 시판 사골국물을 사용한다면 간이 되어 있지 않은 제품을 사용해야 여기에 소개된 방법으로 만들었을 때 간이 맞아요.
> - 쥐똥고추 대신 청양고추 1~2개를 잘게 잘라 사용해도 됩니다.
>
> **도시락 적합** 내열용기에 담아 전자레인지에 데워 먹기

유제품 프리
달걀 프리
견과류 프리
토마토 프리

국수 없는 베트남 쌀국수

1인분

칼로리	지방	탄수화물	식이섬유	단백질
689kcal	60g	3.3g	1.2g	31.8g

INGREDIENTS

2인분 —

우삼겹 400g
숙주 200g
청양고추 1개
홍고추 1/2개

절임용 양파 50g
애플 사이더 식초 1큰술
생수 1큰술

절임용 마늘(선택) 2쪽
애플 사이더 식초 1큰술

레몬 1/2개
고수(선택) 약간
스리라차 소스(선택) 적당량
육수 2인분 분량(800ml)

육수(4인분 분량)
양파채 100g
팔각 3개
정향 4개
생강 마늘 1톨 크기
시나몬스틱 3g
통후추 20알
대파 50g
물 2.2L
어간장 2큰술
소금 2작은술
에리스리톨 2작은술

HOW TO MAKE

1. 육수 재료 중 팔각, 정향, 시나몬스틱, 통후추를 냄비에 넣고 약중불에 볶아 향이 나면 생강, 양파채, 대파, 물을 넣고 끓인다.

2. 끓기 시작하면 중불에서 30분간 끓인 후 체에 걸러 건더기 재료는 버리고 육수에 어간장, 소금, 에리스리톨을 넣어 녹인다.

3. 절임용 양파는 최대한 얇게 썰어 애플 사이더 식초, 생수를 넣어 절여놓는다. 절임용 마늘도 얇게 슬라이스해서 애플 사이더 식초에 절여놓는다. 청양고추와 홍고추는 잘게 썰어놓는다.

4. 냄비에 우삼겹을 볶다가 고기의 색이 반쯤 변하면 만들어놓은 육수 중 800ml를 넣어 끓인다.

5. 국물이 끓으면 떠오르는 거품을 걷고 숙주를 넣은 후 다시 끓어오르면 불에서 내린다. 간이 모자라면 소금으로 맞춘다.

6. 5를 볼 2개에 나누어 담고 청양고추, 홍고추, 절여둔 양파를 올린 뒤 레몬즙, 고수, 스리라차 소스, 절임 마늘을 곁들여 먹는다.

TIP

- 약식으로 빠르고 편하게 쌀국수 육수 맛이 나도록 만들었어요. 육수에 들어가는 재료들은 쌀국수 특유의 맛을 내기 위해 꼭 필요한 재료들이니 빠트리지 말고 넣어주세요. 팔각, 정향, 시나몬 스틱은 인터넷에서 소량씩 구매할 수 있어요.
- 육수는 4인분이니 필요한 만큼만 사용하고 남은 것은 냉동이나 냉장 보관하세요.
- 수입산 피시 소스에는 대부분 설탕이 들어 있어요. 국내 어간장이나 액젓에도 당이 들어 있는 제품이 있으니 원재료를 확인 후 구입하세요.

도시락 적합 내열용기에 담아 전자레인지에 데워 먹기. 절인 양파, 레몬, 고수는 따로 담기

갓을 넣은 중국풍 오겹찜

1인분

칼로리	지방	탄수화물	식이섬유	단백질
865kcal	71.2g	8.3g	2.8g	45.8g

INGREDIENTS

2인분 ──

보쌈용 오겹살 500g
무 200g
청갓 200g
마늘 3쪽
생강 엄지손가락 크기 1쪽
대파 1/2대
단맛 없는 증류식 소주 1큰술
소금 약간

찍어 먹을 소스

청양고추 3개
홍고추 2개
완성된 오겹찜 국물 3큰술
리쿼드 아미노스 2큰술
애플 사이더 식초 1작은술
다진 마늘 2작은술
채썬 생강 1작은술
에리스리톨 1작은술
소금 1/4작은술
중국 산초가루 1/8작은술

HOW TO MAKE

1. 오겹살은 2등분한다. 마늘은 2등분하고 생강은 2~3조각으로 자른다. 무는 큼직한 한입 크기로 자르고 청갓은 씻어서 물기를 털어낸 후 5cm 길이로 잘라놓는다.

2. 냄비에 오겹살, 마늘, 생강, 대파를 담고 찬물을 재료가 잠기게 부은 후 단맛 없는 증류식 소주와 소금 약간을 넣어 불에 올린다. 이때 대파는 건져낼 것이므로 자르지 않고 넣는다.

3. 국물이 끓기 시작하면 중불로 낮춰 20분간 끓인 후 무를 넣고 20분간 더 끓인다.

4. 끓이는 동안 찍어 먹을 소스 재료 중 청양고추와 홍고추는 잘게 다지고 여기에 리쿼드 아미노스, 식초, 마늘, 생강, 에리스리톨, 소금, 산초가루를 섞어놓는다.

5. 3의 국물에서 대파, 생강, 마늘을 건져내고 청갓을 넣어 5분간 끓인다.

6. 국물 간을 소금으로 맞추고 고기를 건져 최대한 얇게 썬다.

7. 그릇에 국물, 무, 청갓을 담고 그 위에 얇게 썬 고기를 얹어 낸다.

8. 준비해놓은 4의 소스에 완성된 국물 3큰술을 넣어 섞은 후 고기와 채소를 찍어 먹는다(사진).

TIP
찍어 먹을 소스에 들어가는 중국 산초가루는 우리나라 추어탕에 넣어 먹는 산초가루와 향이 달라요. 이 향이 익숙하지 않다면 산초가루를 빼고 소스를 만들어도 좋아요.

Allergy FREE 도시락

마늘 프리

유제품 프리

달걀 프리

견과류 프리

토마토 프리

돈지루

1인분

칼로리	지방	탄수화물	식이섬유	단백질
369kcal	26.6g	16.1g	4.2g	17.4g

INGREDIENTS

넉넉한 3인분 혹은 4인분

대패삼겹살 300g
무 200g
곤약 200g
당근 50g
버섯(생표고, 만가닥 등) 100g
연근 70g
우엉 50g
대파 1/2대
시판 된장 4큰술
가쓰오부시 10g
아보카도 오일(혹은 라드) 1큰술
단맛 없는 증류식 소주 1큰술
참기름 1작은술

HOW TO MAKE

1. 무는 0.5cm 두께로 나박썰기한다. 당근도 무와 비슷한 크기와 두께로 잘라놓는다. 곤약은 2~3cm 크기로 뜯어놓는다. 우엉은 얇게 어슷하게 썰고 연근은 0.5cm 두께의 한입 크기로 잘라놓는다. 표고버섯은 깍둑썰기하고 만가닥 버섯은 가닥가닥 뜯어놓는다. 대파는 어슷하게 썬다.

2. 냄비에 아보카도 오일을 두르고 삼겹살을 볶다가 고기가 반쯤 익으면 단맛 없는 증류식 소주를 넣고 살짝 더 볶는다.

3. 2에 무, 곤약, 당근, 연근, 우엉, 참기름을 넣고 뒤적이며 볶은 뒤 재료가 고루 뜨거워지면 버섯을 넣고 물 1L를 넣어 끓인다.

4. 국물이 끓으면 된장을 풀고 중불로 줄인 뒤 10분간 익힌다. 중간에 가쓰오부시를 채에 담아 국물에 잠시 담갔다가 빼낸다.

5. 대파를 넣고 살짝 끓인 후 마무리한다. 모자라는 간은 소금으로 맞춘다.

> **TIP**
> - 곤약을 불규칙한 모양으로 뜯어 조리하면 울퉁불퉁한 표면에 양념이 좀 더 잘 배어요.
> - 시판 미소된장에는 당분이 많아 시판 된장에 가쓰오부시 등을 더해 미소 국물과 비슷한 맛을 냈어요. 성분이 좋은 미소된장을 발견했다면 시판 된장 대신 사용해도 좋아요.
> - 가쓰오부시를 넣고 오래 끓이면 국물이 비릿해져요. 과정 4에서 가쓰오부시 맛이 국물에 우러날 정도로 잠시 담가두거나 몇 번 담갔다 빼도 충분합니다.
>
> **도시락 적합** 내열용기에 담아 전자레인지에 데워 먹기

도시락 | 마늘 프리 | 유제품 프리 | 견과류 프리 | 토마토 프리

무 명란 달걀탕

1인분

칼로리	지방	탄수화물	식이섬유	단백질
561kcal	44.2g	10.1g	3.5g	31.4g

 INGREDIENTS

넉넉한 1인분

무 150g
명란젓 60g
달걀 3개
생들기름 2큰술
새우젓 2작은술
고춧가루 1/2작은술
대파 1/4대
소금 약간

 HOW TO MAKE

1 무는 가늘게 채 썰어놓는다. 명란은 송송 잘라놓고 대파는 잘게 썰어놓는다.

2 달걀에 1의 대파와 소금 약간을 넣어 잘 풀어놓는다.

3 작은 냄비에 무채, 고춧가루, 생들기름, 새우젓을 넣고 무가 나른하게 익을 정도로 중불에 3분간 볶는다.

4 3에 명란과 물 200ml를 넣고 끓으면 중약불로 낮추어 조금 더 익힌다.

5 무가 완전히 익으면 국물 간을 보고 모자라는 간은 소금이나 새우젓으로 맞춘 뒤 2의 달걀을 골고루 붓고 뚜껑을 덮어 약불에 2~3분간 익힌다.

TIP
완성된 무 명란 달걀탕은 달걀찜과 찌개의 중간 정도 느낌이에요.
도시락 적합
내열용기에 담아 전자레인지에 데워 먹기

마늘 프리

달걀 프리

견과류 프리

토마토 프리

대파 굴 스튜

1인분

칼로리	지방	탄수화물	식이섬유	단백질
584kcal	51.2g	14.7g	1.2g	16.4g

INGREDIENTS

4인분 ——

굴 600g
대파(흰 부분) 150g
베이컨 60g
생크림 1.5컵
락토 프리 우유 1컵
양파 50g
셀러리 30g
버터 50g
리퀴드 아미노스 2작은술
소금 약간
후추 약간
마른 파슬리(선택) 약간
타바스코 소스 적당량

• 1컵 = 240ml

HOW TO MAKE

1. 굴은 연한 소금물에 흔들어 씻은 후 체에 받쳐놓는다.
2. 베이컨은 1cm 너비로 썰어놓고 대파는 송송 썰어놓는다. 양파와 셀러리는 잘게 썰어놓는다.
3. 냄비에 버터 10g을 녹이고 베이컨을 볶는다.
4. 베이컨이 어느 정도 익으면 버터 20g을 더하고 셀러리와 양파를 중불에 볶는다.
5. 양파가 반투명하게 익으면 버터 20g을 더하고 대파를 넣어 5분간 중불에 충분히 볶는다. 중간에 소금, 후추로 밑간한다.
6. 5에 생크림, 우유, 리퀴드 아미노스를 넣고 끓인다.
7. 6이 끓으면 굴을 넣고 저어주며 3분 정도 더 끓인다. 간이 모자라면 소금으로 맞추고 후추를 갈아 넣고 마무리한다.
8. 마른 파슬리를 뿌려내고 타바스코 소스를 곁들여 먹는다.

TIP

- 대파 굴 스튜에 타바스코 소스를 뿌려 먹으면 아주 맛있으니 꼭 곁들여보세요.
- 체중 감량을 위한 식단이라면 유제품, 특히 우유는 피하는 게 좋아요. 식단 유지가 안정되면 소량의 우유를 섭취해 몸이 어떻게 반응하는지 살펴보세요. 저는 일반 우유 120ml를 한 번 먹고 3일간 체중이 꾸준히 증가한 적이 있어요. 반면 락토 프리 우유는 하루 120ml 정도 먹어도 아무런 영향을 받지 않았습니다. 저처럼 소량의 일반 우유에도 체중이 증가한다면 락토 프리 우유를 시도해보세요.
- 여기에선 매일유업의 '소화가 잘되는 우유'를 사용했어요.

도시락 적합 내열용기에 담아 전자레인지에 데워 먹기

Allergy FREE

유제품 프리
달걀 프리
견과류 프리
토마토 프리

어묵탕 대신 스지탕

1인분

칼로리	지방	탄수화물	식이섬유	단백질
604kcal	34.5g	7.5g	1.7g	66g

INGREDIENTS

넉넉한 4인분 혹은 5인분 ──

소 스지(힘줄) 1kg
무 400g
곤약 200g
삶은 메추리알 12개
양파 100g
자숙 문어다리(선택) 100g
마른 고추 1~2개
대파 1 + 1/3대
너구리 사이즈 다시마 3쪽
리퀴드 아미노스 2큰술
단맛 없는 증류식 소주 4큰술
국간장 1작은술
다진 마늘 1작은술
가쓰오부시 7g
소금 약간
후추 약간

찍어 먹을 소스

연겨자 약간
리퀴드 아미노스 약간

HOW TO MAKE

1. 무는 부채꼴 모양으로 4등분한 후 4~5cm 두께로 큼직하게 잘라놓는다.
2. 스지는 씻어서 큼직한 한입 크기로 자른 후 냄비에 담는다. 1의 무를 넣고 대파 1대를 2등분해서 넣는다.
3. 2에 단맛 없는 증류식 소주를 넣고 물 2.5L를 부은 후 불에 올린다.
4. 물이 끓어오르면 떠오르는 거품은 말끔히 걷어내고 뚜껑을 약간 열리게 덮은 후 2시간 동안 스지가 부드럽게 익을 때까지 중불에서 끓인다.
5. 자숙문어를 넣을 경우 과정 4의 후반부에 넣어 함께 30분간 끓인다.
6. 스지를 익히는 동안 곤약은 먹기 좋게 잘라놓는다. 국수 모양 곤약을 사용할 경우 헹궈서 체에 받쳐 물기를 빼놓는다. 양파는 채 썰어놓는다. 대파 1/3대는 잘게 썰어놓는다. 마른 고추는 반으로 잘라놓는다.
7. 4의 스지가 부드럽게 익으면 양파, 다시마, 마른 고추, 리퀴드 아미노스, 국간장, 메추리알, 곤약을 넣고 남아 있는 국물의 양에 따라 물 500ml를 보충해준 후 함께 끓인다.
8. 양파가 익으면 약불로 줄이고 가쓰오부시를 고운 채에 담아 국물에 담가 1분간 뒀다가 바로 꺼낸다. 이때 다시마도 건져낸다.
9. 잘게 썬 대파를 넣고 모자라는 간은 소금으로 맞춘 후 후추를 뿌려 낸다.
10. 리퀴드 아미노스에 연겨자를 약간 풀고 스지와 다른 건더기를 찍어먹는다.

TIP

부채살의 쫀득한 부위를 발라낸 부채살 스지를 사용할 경우 1시간 정도 찬물에 담가 핏물을 뺀 후 사용하세요. 이때 과정 3의 물 양은 2L로 줄이고 과정 4의 조리시간은 1시간~1시간 30분으로 줄여주세요.

도시락 적합 내열용기에 담아 전자레인지에 데워 먹기

멕시코풍 소고기 수프

1인분

칼로리	지방	탄수화물	식이섬유	단백질
649kcal	46.9g	16.5g	7.9g	37.3g

INGREDIENTS

4인분 ——

두툼한 스테이크용 소고기 500g
시판 소고기 육수 500ml
시판 살사 1병(440g)
양파 200g
올리브 오일 4큰술
소금 약간
후추 약간
아보카도 작은 것 2개
고수 약간
다진 양파 약간

HOW TO MAKE

1 소고기의 앞뒷면에 소금을 뿌리고 올리브 오일 1큰술을 고루 뿌려 문지른 후 달군 팬에 올려 겉면만 갈색이 나도록 중센불에 굽는다.

2 양파는 2cm 크기로 깍둑썰기한다.

3 전기 압력솥의 내솥에 1의 소고기와 2의 양파를 넣고 소고기 육수, 살사, 올리브 오일 3큰술을 두르고 '죽 모드'로 조리한다.

4 조리가 끝나면 고기는 건져내어 큼직하게 한입 크기로 자르고 국물은 핸드 블랜더로 곱게 간 후 고기를 넣고 섞는다.

5 모자라는 간은 소금으로 맞추고 먹을 땐 1인당 깍둑썰기한 아보카도 1/2개, 고수 약간, 다진 양파 약간을 넣어 먹는다.

TIP

- 일반 냄비에 조리할 땐 과정 3에서 냄비를 불에 올리고 끓으면 약중불로 낮춰 고기가 부드럽게 익을 때까지 푹 익혀주세요. 슬로 쿠커나 인스턴트 팟을 이용해도 좋아요.
- 시판 살사를 구입할 땐 당분이 들어 있지 않은 제품으로 선택하세요. 살사의 매운 정도에 따라 수프의 매운맛이 결정되니 취향에 따라 선택하면 됩니다. 여기에선 Tostitos사의 중간 매운맛 제품을 사용했어요(사진).
- 여기에서 사용한 소고기 육수는 해외 직구로 구입할 수 있는 beef broth 중 성분이 괜찮은 걸 골랐어요. 소고기 육수 대신 사골국물을 사용해도 되는데 직접 만든 것을 사용하거나 시판 제품 중 첨가물이 적은 걸 고르면 됩니다.

도시락 적합 내열용기에 담아 전자레인지에 데워 먹기

도시락 | 달걀 프리 / 견과류 프리 / 토마토 프리 | Allergy FREE

소고기 크림 스튜

1인분

칼로리	지방	탄수화물	식이섬유	단백질
873kcal	68.5g	14.5g	3g	48.3g

INGREDIENTS

3인분 ——

스테이크용 도톰한 부채살 500g
알배기 배추 200g
브로콜리 200g
당근 80g
양파 80g
셀러리 50g
다진 마늘 1작은술
생크림 1컵
버터 30g
리퀴드 아미노스 1큰술
올리브 오일 1/2큰술
월계수잎 2장
소금 약간
후추 약간

• 1컵 = 240ml

HOW TO MAKE

1. 배추는 2~3cm 너비로 잘라놓고 브로콜리는 한입 크기로 잘라놓는다. 당근은 도톰한 두께의 반달 모양으로 썬 후 모서리를 돌려 깎아놓는다. 양파와 셀러리는 잘게 썰어놓는다.

2. 팬을 달구어 올리브 오일을 두르고 스테이크용 부채살에 소금을 뿌려 센불에서 겉면만 노릇하게 구워 덜어낸다. 이때 속은 익지 않은 상태이다.

3. 2의 구운 고기는 큼직한 한입 크기로 잘라놓는다.

4. 냄비에 버터를 녹이고 양파, 셀러리, 마늘을 중불에 볶는다. 중간에 소금과 후추로 간한다.

5. 4의 양파가 투명하게 익으면 당근과 2의 고기를 넣고 섞은 후 물 1.5컵, 생크림, 리퀴드 아미노스, 월계수잎을 넣고 끓인다. 이때 팬에 있는 고기 육즙도 함께 넣는다.

6. 국물이 끓으면 중불로 낮춰 10분간 가끔 저어주며 끓이고 브로콜리, 배추를 넣고 10분간 더 끓인다.

7. 모자라는 간은 소금으로 맞추고 후추를 넣어 마무리한다.

> **TIP**
> • 크림 국물 속에서 부드럽게 익은 배추는 맛있고 포만감도 주는 재료예요. 배추를 꼭 넣어 만들어보세요.
> • 크림 스튜에 리퀴드 아미노스는 의외의 재료이지만 약간 넣으면 익숙한 감칠맛을 더해줍니다.
>
> **도시락 적합** 내열용기에 담아 전자레인지에 데워 먹기

닭고기 미소 냄비

1인분

칼로리	지방	탄수화물	식이섬유	단백질
449kcal	19.2g	25g	7.4g	46.2g

INGREDIENTS

넉넉한 2인분 ——

닭허벅지살 400g
알배기 배추 200g
연근 100g
우엉 50g
팽이버섯 100g
생표고 2개
대파 1/2대
쑥갓 50g 이상
시판 된장 2큰술
단맛 없는 증류식 소주 2큰술
너구리 사이즈 다시마 3쪽
가쓰오부시 7g
소금 약간

HOW TO MAKE

1 표고의 기둥을 떼어내어 기둥만 냄비에 담고 다시마와 물 700ml를 부어 불에 올린다. 물이 끓으면 약불로 줄여 10분간 끓인다.

2 불을 끄고 가쓰오부시를 넣은 후 5분 후 채에 걸러 다시마와 가쓰오부시, 표고 기둥을 제거한다.

3 2의 국물에 시판 된장을 잘 풀어준 후 단맛 없는 증류식 소주와 소금 1/4 작은술을 넣고 섞어 미소맛 국물을 만든다.

4 닭고기는 껍질 째 한입 크기로 자르고 알배기 배추는 먹기 좋게 어슷 썬다. 연근은 껍질을 벗기고 0.5~1cm 두께의 먹기 좋은 크기로 잘라두고 우엉은 껍질을 벗긴 후 얇게 어슷 썬다. 생표고의 갓은 슬라이스한다. 팽이버섯은 밑동을 잘라놓고 대파는 어슷 썬다.

5 전골용 냄비에 4의 닭고기, 배추, 연근, 우엉, 버섯, 대파를 돌려 담고 3의 미소맛 국물을 부어 끓여 고기가 익으면 먹는다.

TIP

- 시판 미소된장에는 당분이 많아 시판 된장에 가쓰오부시 등을 더해 미소 국물과 비슷한 맛을 냈어요. 성분이 좋은 미소된장을 발견했다면 시판 된장 대신 사용해도 좋아요.
- 연근이나 우엉 등의 뿌리채소에는 탄수화물 양이 많은 편이에요. 기타 좋은 영양소도 많이 함유하고 있어서 가끔 섭취하면 좋지만 먹는 양에는 주의해주세요.
- 처음에 국물 양이 적은 듯 보이지만 배추 등 재료에서 수분이 나와 적당해지니 물을 더 추가하지는 마세요.

Allergy
FREE

유제품 프리

달걀 프리

견과류 프리

토마토 프리

차돌 청국장 전골

1인분

칼로리	지방	탄수화물	식이섬유	단백질
519kcal	37.1g	21.1g	7.4g	29g

 INGREDIENTS

3인분 —

청국장 170g
차돌박이 300g
콩나물 200g
잘 익은 배추김치 150g
단호박 150g
팽이버섯 100g
멸치가루 1작은술
고춧가루 1큰술
대파 1/2대
국간장 1큰술
소금 약간

 HOW TO MAKE

1 콩나물은 씻어서 체에 밭쳐 물기를 빼놓는다. 김치는 한입 크기로 잘라 놓고 단호박은 1cm 두께로 먹기 좋게 잘라놓는다. 대파는 송송 썰어놓는다.

2 전골냄비에 콩나물을 깔고 청국장, 김치, 차돌박이, 단호박, 팽이버섯을 돌려 담는다.

3 2에 멸치가루, 국간장을 넣고 물 700ml를 부은 후 대파와 고춧가루를 얹어 불에 올린다.

4 단호박이 충분히 익을 정도로 끓으면 국물의 간을 보고 모자라는 간은 소금으로 맞춘다.

TIP
- 재료의 맛이 우러나 어우러지며 살짝 졸여야 맛있으니 그때부터 먹기 시작하세요.
- 김치는 발효가 되면서 탄수화물 양이 줄어들기 때문에 잘 익은 김치를 사용합니다.

Allergy
FREE

유제품 프리
달걀 프리
견과류 프리
토마토 프리

돼지고기 시금치 전골

1인분

칼로리	지방	탄수화물	식이섬유	단백질
609kcal	48.9g	11.2g	4.3g	31.2g

INGREDIENTS

넉넉한 2인분 혹은 3인분 ―

대패 삼겹살(혹은 돼지 앞다리 불고기감) 500g

고기용 양념
리퀴드 아미노스 2큰술
단맛 없는 증류식 소주 2큰술
에리스리톨 2작은술
참기름 1작은술
다진 마늘 1작은술
다진 생강 1/2작은술
후추 약간

시금치 100g
양파 100g
느타리버섯 100g
실곤약 1봉(200g)
대파 1/2대
다시마 너구리 사이즈 2쪽
국간장 1큰술

HOW TO MAKE

1. 물 500ml에 다시마를 넣고 1시간 이상 실온에 둔 후 국간장을 넣어 섞어 놓는다.
2. 돼지고기는 고기용 양념을 넣고 조물조물 버무려 놓는다. 이때 냉동 돼지고기는 완전히 해동한 후 사용한다.
3. 시금치는 씻어서 체에 받쳐 물기를 빼놓고 양파는 채 썰어놓는다. 느타리버섯은 먹기 좋게 찢어 놓고 대파는 어슷하게 썰어놓는다.
4. 전골냄비에 시금치를 깔고 양념한 돼지고기, 양파, 느타리버섯, 실곤약, 대파를 둘러 담는다(사진).
5. 1의 국물을 4에 부어 끓이며 먹는다. 국물이 끓으면 다시마는 건져낸다.

Allergy FREE
유제품 프리
달걀 프리
견과류 프리
토마토 프리

도시락

왕갈비탕

1인분

칼로리	지방	탄수화물	식이섬유	단백질
543kcal	39.7g	5g	2.4g	39.7g

INGREDIENTS

5인분 ——

자르지 않은 찜용 왕갈비
(혹은 일반 찜용 갈비) 1.5kg
무 500g
대파 1/2대
마늘 3쪽
국간장 2작은술
잘게 썬 대파 약간(먹을 때)
소금 약간
후추 약간

양념장
고춧가루 1.5큰술
완성된 갈비탕 국물 1큰술
국간장 2작은술
다진 마늘 1작은술
통깨 1/2작은술

HOW TO MAKE

1. 왕갈비는 갈빗대를 1쪽씩 잘라 찬물에 2시간가량 담가 핏물을 뺀다. 일반 찜용 갈비는 그대로 담가 핏물을 뺀다.

2. 1의 갈비를 헹궈 냄비에 담고 대파 1/2대, 마늘, 소금을 넣은 후 물 3L를 부어 센불에 올린다.

3. 국물이 끓으면 초반에 떠오르는 핏물이 익은 거품은 말끔히 걷어내고 중불로 낮춰 1시간~1시간 30분간 끓인다. 갈비에 붙은 살의 두께와 원하는 부드러운 정도에 따라 시간을 조정한다.

4. 갈비를 익히는 동안 무를 1cm 두께로 나박썰기한다.

5. 3의 국물에서 대파와 마늘을 건져내고 4의 무를 넣은 후 무가 부드럽게 익도록 끓인다. 국간장 2작은술을 넣고 모자라는 간은 소금으로 맞춘다.

6. 양념장의 재료를 모두 한군데 담아 고루 섞어놓는다.

7. 고기, 무, 국물을 담고 잘게 썬 파와 후추를 뿌린 뒤 양념장을 곁들여 먹는다.

TIP
과정 3에서 끓이는 시간이 길어질수록 고기는 부드러워지지만 너무 오래 익히면 고기의 맛있는 맛이 다 빠져버려요. 적당히 조절해주세요.

도시락 적합
내열용기에 담아 전자레인지에 데워 먹기

도시락 유제품 프리 달걀 프리 견과류 프리 토마토 프리

중국식 배추 완자탕
(Lion's Head Soup)

1인분

칼로리	지방	탄수화물	식이섬유	단백질
783kcal	60.7g	19.2g	5.9g	40.3g

INGREDIENTS

넉넉한 2인분 —

고기완자
다진 돼지고기 400g
양파 80g
대파 파란 부분 위주로 1/2대
리퀴드 아미노스 1큰술
참기름 2작은술
다진 생강 1/2작은술
후추 약간

배추 300g
팽이버섯 200g
대파 1/2대
마늘 2쪽
마늘 크기의 생강 1쪽
마른 고추(선택) 1개
리퀴드 아미노스 1큰술
애플 사이더 식초 1작은술
단맛 없는 증류식 소주 1큰술
라드 2큰술
소금 약간

HOW TO MAKE

1. 고기완자용 양파와 대파를 잘게 다져 나머지 완자용 재료와 반죽한 후 30~40g씩 떼어 동글납작한 모양의 완자를 빚는다.

2. 배추는 1~2cm 너비로 채 썰고 팽이버섯은 밑동을 제거한다. 대파는 송송 썰고 마늘은 편으로 썰고 생강은 채 썬다. 마른 고추는 어슷하게 썰어 놓는다.

3. 깊이가 약간 있는 팬에 라드 1큰술을 녹이고 1의 완자를 중센불에서 겉면만 노릇하게 구워 덜어낸다. 이때 속까지 익히지 않는다.

4. 3의 팬을 키친타월로 닦고 라드 1큰술을 녹인 뒤 2의 대파, 마늘, 생강, 마른 고추를 약중불에 볶는다.

5. 향신 채소가 기름에 볶아져 맛있는 냄새가 나면 배추를 넣고 센불로 키워 배추가 고루 뜨거워지도록 볶는다.

6. 배추를 팬의 한쪽에 몰고 빈 곳에 리퀴드 아미노스와 애플 사이더 식초를 넣고 자글자글 캐러멜라이즈한 후 배추와 섞는다.

7. 6에 3의 완자, 팽이버섯, 단맛 없는 증류식 소주, 물 400ml를 붓고 끓으면 중불로 낮춰 10분간 익힌다.

8. 모자라는 간은 소금으로 맞춘다.

TIP
마른 고추를 사용하면 매콤한 맛이 더해져 개운하고 맛있어요. 취향에 따라 선택하세요.

도시락 적합
내열용기에 담아 전자레인지에 데워 먹기

Allergy
FREE

유제품 프리
달걀 프리
견과류 프리
토마토 프리

대학로 찌구

1인분

칼로리	지방	탄수화물	식이섬유	단백질
845kcal	63.6g	32g	14.1g	42.4g

INGREDIENTS

넉넉한 2인분 ——

우삼겹 400g
청경채 300g
숙주 300g
칼국수 모양 곤약면 200g
팽이버섯 100g
깻잎 40장 이상
대파 1/2대
양배추 100g
새송이버섯 1개
멸치가루 1큰술
너구리 사이즈 다시마 2쪽
진주표 키토 고추장(42쪽 참조) 80g
리퀴드 아미노스 2큰술
에리스리톨 1 + 1/2큰술
고춧가루 1큰술
어간장 1큰술
다진 마늘 2작은술

HOW TO MAKE

1. 양배추는 굵직하게 채 썰고 새송이버섯은 한입 크기로 자른다.

2. 청경채는 밑동을 자른 뒤 씻어놓고 숙주와 곤약면은 각각 물에 헹궈서 체에 밭쳐 물기를 빼놓는다. 팽이버섯은 밑동을 잘라놓고 깻잎은 큼직하게 자르거나 찢어놓는다. 대파는 어슷하게 썰어놓는다.

3. 물 1L에 다시마, 멸치가루, 1의 양배추와 새송이버섯을 넣고 불에 올려 끓으면 약불로 줄여 5분간 끓인다.

4. 3에서 다시마를 건져내고 고추장, 리퀴드 아미노스, 에리스리톨, 고춧가루, 어간장, 다진 마늘, 대파를 넣어 양념국물을 만든다.

5. 4의 양념국물을 끓이며 국물 간을 보고 모자라는 간은 소금으로 맞춘다. 이때 간은 살짝 짭짤할 정도로 맞춘다.

6. 끓는 양념국물에 우삼겹, 청경채, 숙주, 곤약, 깻잎을 적당히 넣어가며 익혀 먹는다.

> **TIP**
> - 대학로 어느 식당의 '찌구'라는 메뉴를 먹어보진 않았지만 아이디어가 재밌어서 비슷하게 만들어봤어요. 찌개와 구이의 중간 느낌이라 찌구래요.
> - 먹는 방식은 샤브샤브와 비슷하지만 별도의 소스 없이 양념국물 자체가 찍어 먹는 소스 역할을 하므로 국물의 간이 센 듯해야 맛있게 먹을 수 있어요.
> - 깻잎 향이 잘 어울리니 깻잎은 꼭 넣어주세요. 깻잎양은 더 늘려도 좋아요.
> - 우삼겹 양만 500g으로 늘리면 3명이 먹을 수 있어요.

마늘 프리

견과류 프리

토마토 프리

스키야키

1인분

칼로리	지방	탄수화물	식이섬유	단백질
902kcal	74.1g	14.9g	7.3g	44.6g

 **INGREDIENTS**

넉넉한 2인분 ──

우삼겹 400g
우동 모양 곤약면 200g
알배기 배추 300g
팽이버섯 100g
생표고 4개
대파 1/2대
버터 20g
진주표 키토 쯔유(44쪽) 500ml
달걀 2개

 HOW TO MAKE

1. 배추는 한입 크기로 잘라놓고 팽이버섯은 밑동을 잘라놓는다. 곤약면은 헹궈서 체에 밭쳐 물기를 빼놓는다. 생표고버섯은 기둥을 제거하고 갓 부분은 얇게 저미거나 4등분으로 잘라놓는다. 그냥 사용할 경우 소스를 머금은 양이 많아져 짜다. 대파는 큼직하게 어슷 썰어놓는다.

2. 팬에 버터를 녹이고 소스를 약간 부어 끓이다 우삼겹 일부를 넣고 조리 듯 굽는다.

3. 고기가 살짝 익으면 다른 재료들도 조금씩 넣어 함께 조리듯 익힌다. 소스는 중간중간 조금씩 보충해준다.

4. 달걀을 잘 풀어 익은 재료들을 담갔다가 먹는다.

TIP

- 쯔유만 만들어놓으면 특별한 준비 없이 집에 있는 재료들로 뚝딱 차려낼 수 있는 스키야키예요. 저도 집에 늘 있을 법한 재료들로 간단하게 준비했어요. 양파, 쑥갓, 우엉, 당근, 청경채, 연근, 버섯류 등 다양한 채소를 사용해보세요.
- 스키야키 국물맛에 버터가 더해져도 잘 어울리니 꼭 시도해보세요. 원한다면 중간에 버터를 더 추가해줘도 좋아요.

도시락　유제품 프리　달걀 프리　견과류 프리　토마토 프리

소고기 된장 소면

1인분

칼로리	지방	탄수화물	식이섬유	단백질
686kcal	52.4g	24.4g	9.9g	32.5g

INGREDIENTS

넉넉한 1인분

국수 모양 곤약 200g
우삼겹 170g
양파 30g
애호박 50g
생표고 2장
풋고추 2개
홍고추 1/2개
다진 대파 2큰술
다진 마늘 1/2작은술
멸치가루 1/2작은술
집된장 2~3큰술
진주표 키토 고추장(42쪽 참조) 1/2큰술

HOW TO MAKE

1. 곤약은 한 번 헹군 후 체에 밭쳐 물기를 빼놓는다.
2. 양파는 1cm 크기로 깍둑썰기하고 애호박은 얇게 나박썰기한다. 표고버섯은 기둥을 제거하고 얇게 썰고 고추는 잘게 썰어놓는다.
3. 냄비에 우삼겹을 넣고 중불에 볶다가 고기 색이 반쯤 변하면 2의 양파, 애호박, 표고버섯을 넣고 물 300ml를 붓는다.
4. 3에 된장과 고추장을 풀어주고 멸치가루와 다진 마늘을 넣어 끓인다.
5. 호박이 익으면 곤약, 대파, 고추를 넣고 한소끔 끓여낸다.

TIP
된장의 염도가 다르니 간을 보며 된장의 양은 조정해주세요. 곤약 국수를 넣어 먹을 거라 국물간이 살짝 짭짤해야 먹을 때 간이 맞아요.

도시락 적합
내열용기에 담아 전자레인지에 데워 먹기

PART 5

육즙이 팡팡 터지는
키토식 소고기&돼지고기&
닭고기&양고기 요리

고기는 지방을 섭취하기에 아주 좋은 재료예요. 게다가 맛도 있지요! 지방이 많은 부위로 조리해 먹으면 넉넉한 지방과 함께 충분한 단백질도 자연스럽게 섭취하게 되어 좋고요. 억지로 지방 자체만을 챙겨먹는 게 아니라 음식으로 기타 영양소와 함께 섭취하니 우리 몸의 대사 순환에 도움이 됩니다. 키토식은 양질의 지방을 충분히 먹어주어야 하는 식단이지만 지방 자체만을 단독으로 먹어서는 그 효과를 볼 수 없다는 점을 꼭 기억해주세요. 지방은 음식의 형태로 기타 영양소와 함께 섭취해야 우리 몸에서 잘 활용될 수가 있답니다.

고기를 이용해 맛있게 먹을 한 그릇 요리를 만들다 보니 밥을 이용한 요리가 많이 떠올랐어요. 한국 사람이라면 쌀밥에 고기반찬을 누가 마다할까요. 탄수화물 양을 대폭 낮춘 3분 곤약 쌀밥을 이용하거나 탄수화물 양을 많이 제한하는 식단을 하고 있다면 콜리플라워 라이스나 양배추볶음 등으로 3분 곤약 쌀밥을 대신해도 좋아요.

최근 몇 년 사이 유행인 타이 바질 돼지고기 덮밥, 팟 카카오 무쌉도 이제 키토식으로 즐겨보세요. 마파두부 덮밥과 비슷한 맛의 토마토 고기 덮밥도 삭삭 비벼 한 숟가락 먹는 순간 "맛있다!" 하고 외칠 거예요. 해외 중국 식당에서 닭 요리와 함께 나오는 오일 생강 소스를 접해본 분이라면 생강 파 소스 윙구이와 중국 식당 닭가슴살이 반가울 거예요.

저녁에 먹으려면 아침부터 오븐에서 구워야 하는 슬로 로스트 통갈비는 시간이 오래 걸리

지만 번거롭게 손 갈 일이 없어요. 제가 손님을 초대했을 때 주로 하는 요리랍니다. 한 번 만들어보면 저처럼 손님 초대 요리로 제일 먼저 떠오르는 메뉴가 될 거예요.
아이들이 있는 집이라면 닭고기를 베이컨으로 돌돌 말아 바삭하게 구워낸 베이컨 치킨 텐더를 꼭 만들어보세요. 빵가루 입혀 튀긴 치킨텐더를 대신할 메뉴가 될 거예요.

우삼겹 솥밥

1인분

칼로리	지방	탄수화물	식이섬유	단백질
563kcal	37.7g	30.3g	5.6g	25.9g

 INGREDIENTS

2인분 ——

우삼겹 200g
쌀 45g
쌀알 모양 곤약 1봉(200g)
생표고버섯 4개
우엉 30g
당근 40g
리퀴드 아미노스 1큰술
버터 20g
달걀노른자 2~4개
쪽파 30g
소금 약간
통깨 약간

 **HOW TO MAKE**

1 쌀은 씻어서 찬물에 30분간 불린 후 체에 밭쳐 물기를 뺀다. 쌀알 모양 곤약은 한 번 헹군 후 체에 밭쳐 물기를 빼놓는다.

2 생표고버섯은 기둥을 제거하고 얇게 썬다. 당근은 채 썰고 우엉은 채 썰거나 어슷하게 썰어놓는다. 쪽파는 잘게 썰어놓는다.

3 솥밥을 지을 뚜껑 있는 냄비에 우삼겹을 완전히 익도록 구워 덜어낸다. 중간에 소금을 살짝 넣어 밑간한다.

4 우삼겹의 기름이 녹아나온 3의 냄비에 버터를 녹이고 표고버섯, 우엉, 당근을 넣어 볶다가 리퀴드 아미노스를 넣고 조리듯 볶는다.

5 4에 1의 쌀과 곤약을 넣어 고루 섞은 후 물 4큰술을 고루 뿌리고 뚜껑을 닫아 중불에 10분간 익힌다.

6 구워둔 우삼겹을 5의 밥 위에 올리고 뚜껑을 닫아 약불로 줄인 후 5분간 익힌다.

7 불을 끄고 그대로 5분간 뜸을 들인다. 이때 뚜껑을 열지 않는다.

8 쪽파, 달걀노른자, 통깨를 뿌려 고루 섞어 먹는다. 간이 모자라면 리퀴드 아미노스를 약간 추가한다.

> **TIP**
> - 우엉이나 당근 등의 뿌리채소는 탄수화물 양이 꽤 있지만 기타 좋은 성분도 많으니 가끔 부재료로 사용합니다. 허용하는 탄수화물 양 범위를 넘지 않도록 섭취하는 양에는 주의해주세요.
> - 달걀노른자의 양은 취향에 따라 선택하세요.

팟 카파오 무쌉

―――― 1인분(콜리플라워 라이스) ――――

칼로리	지방	탄수화물	식이섬유	단백질
926kcal	76.3g	9.2g	2.7g	49.1g

―――― 1인분(3분 곤약 쌀밥) ――――

칼로리	지방	탄수화물	식이섬유	단백질
931kcal	72g	20.5g	2.3g	48.1g

INGREDIENTS

1인분 ―

다진 돼지고기 200g
카파오(타이 바질)잎 1줌(약 5g)
다진 대파 2큰술
다진 마늘 1/2작은술
생강가루 1/8작은술
청양고추 1개
홍고추 1/2개

볶음용 양념

어간장 1작은술
리퀴드 아미노스 1작은술
에리스리톨 1작은술
단맛 없는 증류식 소주 1작은술

달걀 2개
라드 1.5큰술
소금 약간
콜리플라워 라이스(70쪽 참조) 100g[혹은 3분 곤약 쌀밥(50쪽 참조) 1인분(110g)]

> **TIP**
> 사진에는 내용물이 잘 보이도록 달걀프라이를 1개만 올렸어요.
> **도시락 적합** 내열용기에 담아 전자레인지에 데워 먹기

HOW TO MAKE

1. 청양고추와 홍고추는 잘게 썰어두고 볶음용 양념은 고루 섞어놓는다.
2. 팬에 라드를 녹이고 반숙 달걀프라이를 넉넉한 기름에 튀기듯 만들어 덜어낸다. 달걀프라이는 중간에 소금으로 간한다.
3. 달걀프라이를 만들고 기름이 남아 있는 팬에 다진 돼지고기를 넣고 대파, 마늘, 생강가루를 넣어 함께 볶는다.
4. 고기가 익은 색으로 변하면 볶음용 양념, 잘게 썬 고추, 카파오잎을 넣고 고루 볶는다. 모자라는 간은 소금으로 맞춘다.
5. 콜리플라워 라이스(혹은 3분 곤약 쌀밥)에 볶은 고기를 얹고 달걀프라이를 얹어 낸다.

도시락 유제품 프리
달걀 프리
견과류 프리

토마토 고기 덮밥

1인분

칼로리	지방	탄수화물	식이섬유	단백질
684kcal	51.9g	26.6g	4.8g	28.6g

 INGREDIENTS

2인분

3분 곤약 쌀밥(50쪽 참조) 2인분 (220g)
돼지고기 다짐육 300g
토마토 250g
대파 1/2대
청양고추 5개
홍고추 2개

고기용 양념

리퀴드 아미노스 1작은술
단맛 없는 증류식 소주 1작은술
다진 마늘 1/2작은술
생강가루 1/4작은술
후추 약간

라드 3큰술
참기름 1/2작은술
소금 1/2작은술

 HOW TO MAKE

1. 돼지고기에 고기용 양념을 넣어 잘 섞어놓는다.
2. 토마토는 1cm 크기로 깍둑썰기하고 대파는 송송 썰어놓는다. 청양고추와 홍고추는 잘게 썰어놓는다.
3. 웍에 라드 1큰술을 녹이고 1의 고기를 넣어 뭉치지 않게 부수며 볶는다. 고기가 완전히 익으면 덜어낸다.
4. 고기를 볶았던 웍에 라드 2큰술을 녹이고 대파를 넣어 중불에 볶는다.
5. 4의 대파가 노릇해지기 시작하면 토마토와 고추, 소금 1/2작은술을 넣어 볶는다.
6. 토마토에서 수분이 자작하게 나오면 볶아둔 고기를 넣고 함께 볶다가 재료가 고루 볶이면 불에서 내리고 참기름을 넣어 섞는다.
7. 그릇에 3분 곤약 쌀밥을 1인분(110g)씩 담고 6의 토마토 고기 소스를 반씩 얹어 낸다.

> **TIP**
> - 마파두부 덮밥과 맛이 비슷해요. 토마토로 소스 맛이 좌우되므로 토마토 맛이 진해지는 여름철에 만들면 더 맛있어요.
> - 밥에 비해 토마토 고기 소스가 많은 듯 느껴질 테지만 분량대로 얹어 먹어야 간이 맞아요. 밥보다는 토마토 고기 소스가 주인공이라고 생각하면 됩니다.
>
> **도시락 적합** 내열용기에 담아 전자레인지에 데워 먹기

규동

1인분

칼로리	지방	탄수화물	식이섬유	단백질
669kcal	50.4g	22.1g	2.8g	30.6g

 **INGREDIENTS**

1인분 ——

우삼겹 150g
채 썬 양파 50g
진주표 키토 쯔유(44쪽 참조) 5큰술
3분 곤약 쌀밥(50쪽 참조) 1인분 (110g)
잘게 썬 쪽파 약간
온천 달걀(64쪽 참조) 1개

 **HOW TO MAKE**

1. 온천 달걀을 만든다.
2. 사이즈가 작은 팬에 우삼겹살을 뭉치지 않게 펼쳐주며 굽는다.
3. 우삼겹이 90% 정도 익어 약간 붉은기가 있을 때 채 썬 양파를 넣고 센불로 키운다.
4. 3에 쯔유를 넣고 2분간 양념에 고기를 조리듯 뒤적이며 익힌다.
5. 3분 곤약 쌀밥을 만들어 1인분을 볼에 담고 4의 고기와 소스를 얹는다.
6. 온천 달걀을 조심히 깨서 고기 위에 올리고 쪽파를 얹어 낸다.

TIP
큰 사이즈의 팬을 사용하면 쯔유가 금세 증발해 자칫 건조한 고기볶음이 될 수 있어요. 규동을 만들 땐 사이즈가 작은 팬을 사용하는 게 좋아요.

베이컨 치킨 텐더와 브로콜리

1인분

칼로리	지방	탄수화물	식이섬유	단백질
612kcal	44.7g	9.2g	3.6g	44.1g

 INGREDIENTS

2인분 ——

닭안심 250g
베이컨 200g
브로콜리 1통
올리브 오일 1큰술
파르미지아노 레지아노 15g
소금 약간

고추장 마요 소스
진주표 마요네즈(46쪽 참조) 3큰술
진주표 키토 고추장(42쪽 참조) 1큰술
사워크림 2큰술

 HOW TO MAKE

1. 닭안심을 1쪽씩 베이컨으로 돌돌 말아 넓은 오븐용 팬에 겹치지 않게 올린다.

2. 브로콜리는 한입 크기로 잘라 올리브 오일과 소금 약간을 뿌려 섞은 후 1의 팬 한쪽에 올린다.

3. 파르미지아노 레지아노를 치즈 그레이터로 갈아 브로콜리 위에만 고루 뿌린다.

4. 230℃로 예열한 오븐에 베이컨으로 만 닭안심과 브로콜리를 넣고 20분간 베이컨이 살짝 노릇하게 구워질 때까지 굽는다.

5. 오븐에 굽는 동안 고추장 마요 소스 재료를 고루 섞어놓는다.

6. 구워진 베이컨 치킨 텐더와 브로콜리에 고추장 마요 소스를 곁들여 낸다.

TIP
- 고추장 마요 소스 대신 딜 마요 소스도 잘 어울려요. 딜 마요 소스는 진주표 마요네즈(46쪽 참조) 3큰술, 사워크림 3큰술, 홀그레인 머스터드 1작은술, 말린 딜 1/2작은술을 섞어 만듭니다.

도시락 적합 내열용기에 담아 전자레인지에 데워 먹기. 소스는 따로 담기

생강 파 소스 윙구이

1인분

칼로리	지방	탄수화물	식이섬유	단백질
928kcal	72.8g	10.6g	3.5g	59g

 INGREDIENTS

2인분 —

닭윙(아랫날개) 500g
양배추 180g
라드 적당량
소금 1/4작은술
생강가루 1/8작은술
생강 파 소스(72쪽 참조) 4큰술
후추 약간

 HOW TO MAKE

1. 양배추는 곱게 채 썰어 찬물에 담가 헹군 후 샐러드 스피너에 돌려 물기를 빼놓는다.

2. 닭윙은 씻어서 키친타월로 물기를 제거한 후 소금과 생강가루를 넣어 고루 버무린다.

3. 차가운 팬에 라드를 깔고 윙이 겹치지 않게 한 층으로 놓고 불에 올린다. 이때 라드는 윙 두께의 1/2 높이로 깐다.

4. 2의 라드가 녹고 윙이 지글지글 튀겨지기 시작하면 중불로 줄이고 10분간 튀긴 후 윙을 뒤집어 8~10분간 더 튀겨준다. 윙의 표면이 노릇하고 바삭해질 때까지 튀긴다.

5. 튀겨진 윙에 후추를 뿌리고 1의 양배추 채와 함께 그릇에 담은 후 생강 파 소스를 곁들여 낸다.

> **TIP**
> • 생강 파 소스는 윙을 찍어 먹어도 맛있고 양배추 채와 섞어 먹어도 맛있어요.
> • 과정 3~4대로 윙을 튀길 때 무쇠팬이나 스텐팬을 사용하면 껍질이 팬 바닥에 들러붙으니 코팅팬을 사용하는 게 좋아요.

도시락 | 달걀 프리 | 견과류 프리

제육볶음 부리토 볼

1인분

칼로리	지방	탄수화물	식이섬유	단백질
728kcal	57.3g	25.4g	12.2g	34.3g

INGREDIENTS

2인분

돼지 앞다리 불고기감 300g
과카몰리(60쪽 참조) 2인분(약 220g)
로메인 80g
쌀알 모양으로 자른 콜리플라워 200g
방울토마토 6개
사워크림 80g
체더치즈 20g
아보카도 오일 1큰술 + 2작은술
타코 시즈닝 1/2작은술
소금 약간
후추 약간

돼지고기용 양념

진주표 키토 고추장(42쪽 참조) 2큰술
단맛 없는 증류식 소주 1큰술
리퀴드 아미노스 2작은술
참기름 1작은술
고춧가루 1작은술
에리스리톨 1작은술
다진 마늘 1작은술
다진 대파 1/3대 분량
생강가루 1/8작은술
후추 약간

HOW TO MAKE

1. 팬에 아보카도 오일 2작은술을 두르고 쌀알 모양으로 자른 콜리플라워를 센불에 볶는다. 콜리플라워가 어느 정도 볶이면 타코 시즈닝을 넣고 볶는다. 타코 시즈닝이 없으면 소금과 후추로 간한다.

2. 돼지고기에 돼지고기용 양념을 모두 넣어 조물조물 버무린 후 팬에 아보카도 오일 1큰술을 두르고 볶는다.

3. 로메인은 씻어서 물기를 뺀 후 채 썰어놓고 방울토마토는 2등분한다. 체더치즈는 큰 구멍 치즈 그레이터를 이용해 갈아놓거나 칼로 잘게 잘라놓는다.

4. 2개의 볼에 준비한 재료를 나누어 담는다.

TIP

타코 시즈닝에는 설탕이나 전분이 들어 있는 제품이 있으니 재료명을 확인한 후 구입하세요. 여기에선 바디아 제품을 사용했어요(사진).

도시락 적합

슬로 로스트 통갈비

1인분

칼로리	지방	탄수화물	식이섬유	단백질
801kcal	60.5g	2.9g	0.4g	49.5g

INGREDIENTS

넉넉한 3인분 혹은 4인분

자르지 않은 통갈비 1.5kg
올리브 오일 1큰술
생 로즈마리 줄기 10cm
마늘가루 1/2작은술
양파가루 1/2작은술
우스터소스 1작은술
소금 약간
후추 약간
레드와인 버섯 그레이비(76쪽 참고)
3~4인분

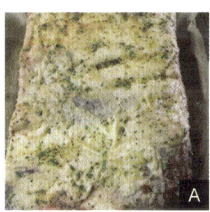

HOW TO MAKE

1. 로즈마리 줄기에서 잎만 훑어낸 후 잘게 다진다.
2. 통갈비의 앞뒷면에 소금과 후추를 넉넉히 뿌려 문지르고 1의 로즈마리와 마늘가루, 양파가루, 우스터소스, 올리브 오일도 갈비의 앞뒷면에 뿌려 고루 문질러준다(사진 A).
3. 넓은 오븐팬에 렉을 깔고 그 위에 갈비를 올려(사진 B) 130℃로 예열한 오븐에서 8시간 동안 굽는다.
4. 갈비가 완성되면 1쪽씩 잘라 레드와인 버섯 그레이비와 함께 낸다.

TIP

- 통갈비를 어떤 모양으로 자르는지에 따라 LA갈비나 찜갈비로 판매가 됩니다. 가락시장 같은 도매 시장에서 자르지 않은 상태의 갈비를 구입할 수 있어요(사진 1). '탕용 왕갈비'라고 되어 있는 것은 살코기가 적어서 슬로 로스트용으로는 적당치가 않아요.
- 갈비는 육질이 질긴 부위라 찜 요리로 먹거나 뼈째 결 반대 방향으로 얇게 자르거나(LA갈비) 살코기를 얇게 저며 구워 먹어요. 덩어리 형태의 질긴 갈비도 낮은 온도에서 오랫동안 구우면 뼈에서 쉽게 분리될 정도로 연해져요.
- 레드와인 버섯 그레이비를 만들지 않았다면 홀그레인 머스터드와 가염버터를 곁들여도 좋아요(사진 2).
- 오븐에서 갈비가 완성될 무렵 방울토마토, 미니 양배추, 아스파라거스, 미니 양파 등을 올리브 오일에 구워 갈비와 함께 곁들여보세요.
- 우스터소스는 키토 식재료는 아니지만 소량 사용하면 훨씬 풍미가 좋아져요. 가능한 한 당분이나 첨가물이 적게 들어 있고 성분이 괜찮은 걸 골라 사용하세요. 여기에선 해외 직구로 구입한 Wan Ja Shan사의 유기농 우스터소스를 사용했어요(사진 3).

· Allergy ·
FREE

마늘 프리

유제품 프리

달걀 프리

견과류 프리

토마토 프리

에어프라이어 대창 채소구이

1인분

칼로리	지방	탄수화물	식이섬유	단백질
746kcal	52.1g	18.2g	4.7g	51.8g

 INGREDIENTS

1인분 ──

손질된 시판 냉동 대창 400g
양배추 120g
양파 100g
꽈리고추 5~6개
올리브 오일 1작은술
소금 약간
후추 약간
스리라차 소스 적당량

 **HOW TO MAKE**

1. 대창은 포장된 채로 냉장실에서 해동한 후 찬물에 깨끗이 씻어 체에 밭쳐놓는다.
2. 양배추와 양파는 먹기 좋게 한입 크기로 잘라놓고 꽈리고추는 반으로 잘라놓는다.
3. 에어프라이어의 바스켓에 대창을 겹치지 않게 놓고 180℃에서 9분간 1차로 굽는다.
4. 대창을 구울 동안 양배추, 양파, 꽈리고추에 올리브 오일을 뿌려 고루 섞어놓는다.
5. 1차로 구워진 대창을 가위로 먹기 좋게 잘라 바스켓에 겹치지 않게 올려놓는다.
6. 4의 채소도 바스켓에 서로 겹치지 않게 올린 후 대창과 채소에 소금과 후추를 고루 뿌린다.
7. 대창과 채소를 에어프라이어 180℃에서 9분간 2차로 굽는다.
8. 스리라차 소스를 곁들여 먹는다.

TIP

- 달구벌에서 나온 냉동 대창을 사용했어요. 함께 동봉되어 있는 양념은 버리고 대창만 사용합니다. 대창은 키위 등 과일즙에 재워진 채로 포장되어 있으니 완전히 해동 후 깨끗이 씻어내고 사용하세요.
- 대창을 집에서 구워보니 에어프라이어에 굽는 것이 단연코 최고였어요. 겉은 파삭하고 속은 부드럽게 잘 구워집니다.

유제품 프리

달걀 프리

견과류 프리

토마토 프리

도시락

타이풍 돼지고기 볶음

1인분

칼로리	지방	탄수화물	식이섬유	단백질
642kcal	50.4g	18g	4.5g	30.2g

INGREDIENTS

2인분 —

얇게 썬 오겹살(혹은 앞다리 불고기감) 300g
브로콜리 100g
새송이버섯 100g
양파 150g
피망 1개
마른 쥐똥고추 4개
생강 1쪽(마늘 1쪽 크기)
다진 마늘 1작은술

볶음용 양념
리퀴드 아미노스 1작은술
어간장 2큰술
단맛 없는 증류식 소주 2큰술
에리스리톨 2작은술

라드 1큰술
참기름 1/2작은술
후추 약간

HOW TO MAKE

1. 돼지고기와 브로콜리는 한입 크기로 잘라 준비한다. 새송이버섯은 원형을 살려 0.5cm 두께로 잘라두고 양파와 피망은 한입 크기로 잘라놓는다.

2. 생강은 편으로 썰어두고 볶음용 양념은 고루 섞어놓는다.

3. 팬에 라드를 두르고 생강편, 다진 마늘, 쥐똥고추를 넣어 약중불에 볶는다.

4. 기름에서 맛있는 향이 나면 돼지고기를 넣고 불을 세게 키운 후 볶는다.

5. 고기가 반 이상 익으면 술을 넣고 볶는다.

6. 물기가 없어질 정도록 볶이면 브로콜리, 새송이버섯, 피망, 양파를 넣고 2의 볶음용 양념을 넣어 함께 볶는다. 이때 센불은 유지한다.

7. 어간장의 냄새가 날아가도록 충분히 볶은 후 불에서 내리고 참기름을 넣어 섞는다. 후추를 뿌려낸다.

TIP
- 볶을 땐 어간장(액젓) 냄새가 나지만 완성된 볶음은 액젓향이 없이 담백하고 매콤한 맛이에요.
- 이 자체로도 맛있지만 콜리플라워 라이스(70쪽 참조)나 3분 곤약 쌀밥(50쪽 참조)을 곁들여 먹으면 더욱 든든하고 맛있어요.
- 껍질이 있는 부위로 만들면 쫄깃한 식감이 더해집니다.

도시락 적합 내열용기에 담아 전자레인지에 데워 먹기

도시락 | Allergy FREE
유제품 프리
달걀 프리
견과류 프리
토마토 프리

간장 립 구이

1인분

칼로리	지방	탄수화물	식이섬유	단백질
975kcal	88.2g	3.0g	1.0g	41.2g

 INGREDIENTS

넉넉한 1인분

백립 500g

재움 양념
올리브 오일 3큰술
리퀴드 아미노스 1큰술
애플 사이더 식초 1큰술
에리스리톨 2작은술
마늘가루 1/4작은술
생강가루 1/8작은술
소금 1/8작은술
후추 약간

양상추 100g

양상추용 드레싱
올리브 오일 1큰술
리퀴드 아미노스 1작은술
화이트 발사믹 식초 1작은술
생들기름 1/2작은술
검은깨 약간

 HOW TO MAKE

1. 백립은 씻은 후 뼈와 뼈 사이를 잘라 1쪽씩 분리해놓는다.
2. 재움 양념을 모두 섞은 후 립에 넣고 버무린 후 1시간 이상 재운다.
3. 넓은 오븐팬에 종이 포일을 깔고 립을 양념에서 건져 겹치지 않게 놓은 후 200℃로 예열한 오븐에서 20분간 굽고 립을 뒤집어준 후 다시 10~15분간 굽는다.
4. 립을 굽는 동안 양상추는 큼직하게 뜯어 씻은 후 샐러드 스피너에 돌려 물기를 빼고 채 썰어놓는다.
5. 립이 구워지면 양상추에 드레싱을 버무린 후 립과 함께 곁들여 낸다.

TIP
도시락 적합 립은 내열용기에 담아 전자레인지에 데워 먹기. 양상추와 양상추용 드레싱은 따로 담아서 먹을 때 버무리기

양꼬치

1인분

칼로리	지방	탄수화물	식이섬유	단백질
883kcal	68.2g	7.3g	0.9g	57.4g

 **INGREDIENTS**

2인분 ——

양 삼겹과 어깨살 500g
오이 1개
사워크림 4큰술
소금 약간

양꼬치 시즈닝
통깨 1작은술
들깨가루 1작은술
큐민가루 1/4작은술
카이엔 페퍼 1/2작은술
후추 1/4작은술
소금 1/2작은술

 **HOW TO MAKE**

1 양고기는 2cm 크기의 주사위 모양으로 잘라 나무꼬챙이에 적당한 길이로 끼워놓는다.

2 오이는 필러로 껍질을 군데군데 벗기고 길이로 반 갈라 스푼으로 씨 부분을 도려낸 후 먹기 좋게 잘라놓는다.

3 양꼬치 시즈닝 재료를 고루 섞어놓는다.

4 1의 양고기 꼬치를 달구어진 팬에 올려 뒤집어주며 노릇하게 구워낸다. 중간에 소금을 뿌려 밑간한다.

5 구워진 양꼬치와 2의 오이에 사워크림과 양꼬치 시즈닝을 곁들여 먹는다.

TIP
- 양념이 되지 않은 양고기를 잘라 나무꼬챙이에 끼워 파는 제품도 있으니 이용해보세요.
- 뜨겁게 구워진 양고기를 양꼬치 시즈닝에 푹 찍어 사워크림을 곁들여 먹으면 맛있어요. 사워크림은 의외의 조합 같지만 잘 어울린답니다.

중국 식당 닭가슴살

1인분

칼로리	지방	탄수화물	식이섬유	단백질
373kcal	22.3g	2.1g	0.5g	38.7g

INGREDIENTS

넉넉한 2인분 혹은 3인분

닭가슴살 500g
생강 엄지손가락 크기 1쪽
대파 1/2대
소금 약간
생강 파 소스(72쪽 참조) 7큰술

HOW TO MAKE

1 생강은 2~3조각으로 잘라놓고 대파는 2등분한다.
2 닭가슴살을 씻어서 냄비에 담고 생강과 대파를 넣은 후 소금을 약간 넣는다.
3 닭가슴살 위로 물이 2cm 이상 올라오도록 찬물을 부어 뚜껑을 닫지 않은 채 불에 올린다.
4 물 표면이 전체적으로 부글부글 끓으면 뚜껑을 닫고 불을 끈 채 그대로 10분간 두어 닭고기를 익힌다.
5 닭고기를 꺼내어 한 김 식힌다.
6 닭고기를 익히는 동안 생강 파 소스를 만들어놓는다.
7 5의 닭고기를 결 반대 방향으로 어슷하게 잘라 접시에 담고 생강 파 소스를 고루 끼얹어 낸다.

TIP
과정 2~4대로 닭가슴살을 익히면 퍽퍽하지 않고 촉촉한 닭가슴살을 즐길 수 있어요.
도시락 적합

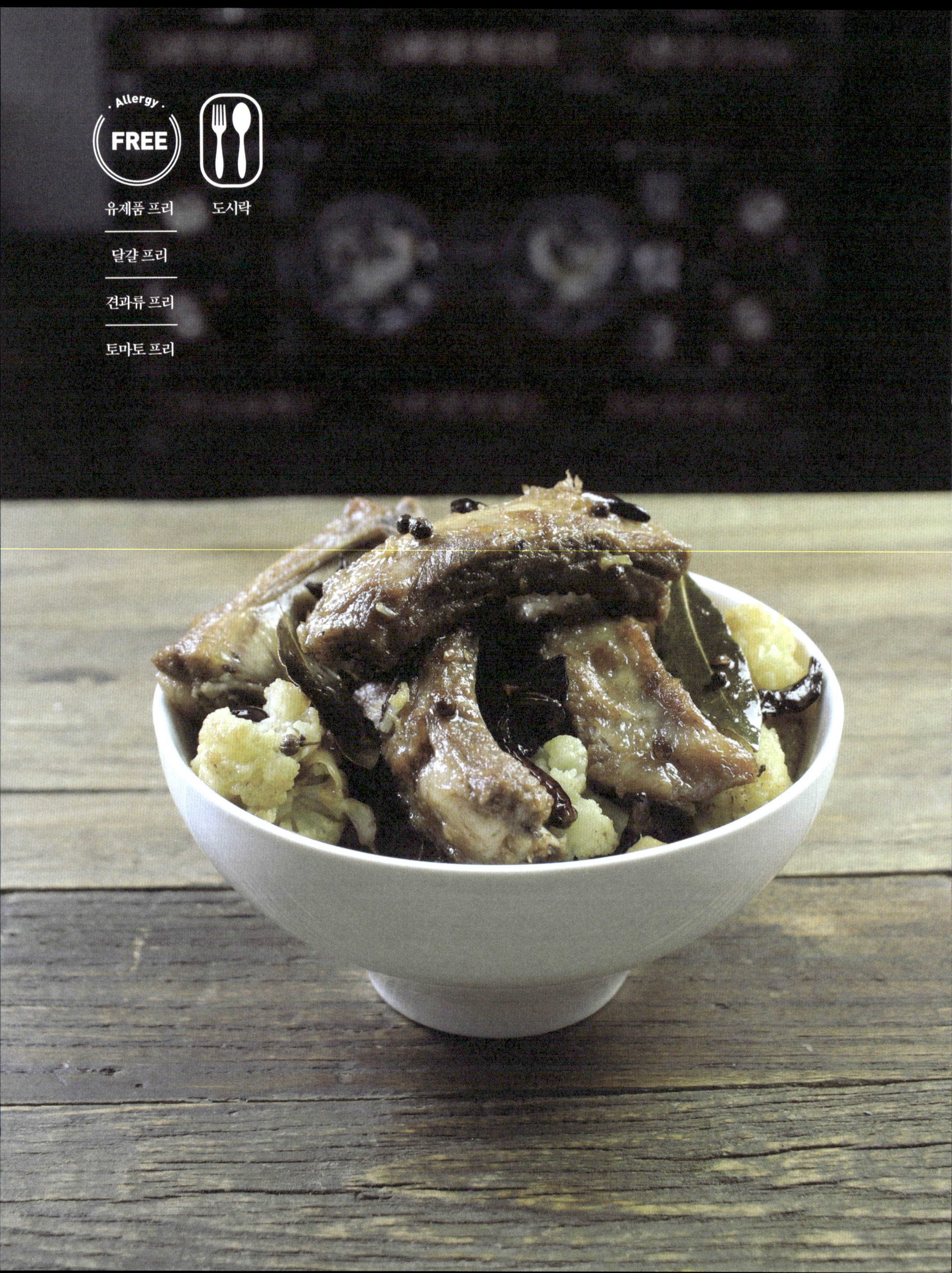
Allergy
FREE
유제품 프리
달걀 프리
견과류 프리
토마토 프리
도시락

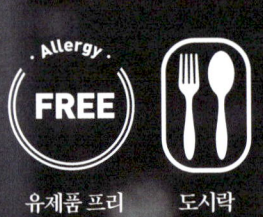

사천풍 등갈비 콜리플라워 조림

1인분

칼로리	지방	탄수화물	식이섬유	단백질
950kcal	77.3g	9.9g	3.9g	51.7g

 **INGREDIENTS**

2인분 ——

등갈비 600g
콜리플라워 300g
라드 3큰술
대파 1/2대
마늘 4쪽
생강 엄지손가락 크기 1쪽
마른 쥐똥고추 8g
월계수잎 2개
팔각 2개
화자오 1/2큰술
계피가루 2꼬집
리퀴드 아미노스 3큰술
애플 사이더 식초 1큰술
에리스리톨 1큰술
소금 약간

 **HOW TO MAKE**

1. 등갈비는 씻어서 1쪽씩 잘라 냄비에 담고 소금 약간을 넣는다. 갈비가 잠기도록 물을 붓고 불에 올려 끓으면 센불에 5분간 익힌 후 갈비를 건져 찬물에 헹궈 체에 밭쳐 놓는다.

2. 콜리플라워는 한입 크기로 자른다. 대파는 송송 썰고 마늘과 생강은 도톰하게 편으로 썬다.

3. 큰 웍에 라드를 녹이고 1의 등갈비와 2의 대파를 넣어 튀기듯 볶는다.

4. 고기와 대파가 군데군데 노르스름해지기 시작하면 마늘, 생강, 쥐똥고추, 월계수잎, 팔각, 화자오, 계피가루를 넣고 갈비와 고루 섞으며 2분간 중불에 볶는다.

5. 4에 콜리플라워를 넣고 뒤적거린 후 물 400ml, 리퀴드 아미노스, 애플 사이더 식초, 에리스리톨, 소금 1/4작은술을 넣고 센불에 10~15분 졸인다.

6. 소스가 바닥에 끈적끈적 깔릴 정도로 졸여지면 그릇에 담아낸다.

TIP
- 라드를 넉넉하게 넣어 조리하지만 요리가 완성되면 웍과 그릇에 라드가 흥건하게 남으므로 실제로 섭취하는 라드 양은 1큰술 정도 됩니다.
- 요즘에는 사천 요리 맛을 내주는 마른 향신료를 인터넷에서 소량씩 구매할 수 있어요. 쥐똥고추, 월계수잎, 화자오(혹은 마자오), 시나몬, 팔각 등을 준비해두면 언제든 사천풍 요리를 즐길 수 있어요(사진).

도시락 적합 내열용기에 담아 전자레인지에 데워 먹기

Allergy FREE

마늘 프리
유제품 프리
달걀 프리
견과류 프리

브루스케타 아스파라거스 스테이크

1인분

칼로리	지방	탄수화물	식이섬유	단백질
933kcal	70.1g	11.5g	3.9g	63.2g

INGREDIENTS

2인분 ——

2.5cm 두께의 스테이크용 소고기
등심 600g
아스파라거스 200g
방울토마토 200g
적양파 50g
생바질 10g

브루스케타용 양념
올리브 오일 2큰술
발사믹 식초 1큰술
레드와인 식초 1작은술
소금 1/4작은술
후추 약간

올리브 오일 2큰술 이상
소금 약간
후추 약간

HOW TO MAKE

1. 방울토마토는 4등분으로 잘라놓는다. 적양파는 채 썰고 생바질은 채 썰거나 잘게 썬다.

2. 1의 방울토마토, 적양파, 생바질을 볼에 담고 브루스케타용 양념을 모두 넣어 고루 섞어 브루스케타 토핑을 만든다.

3. 스테이크 고기는 미리 실온에 20분 이상 꺼내두었다가 굽기 직전에 소금을 앞뒤로 뿌린 후 올리브 오일을 넉넉히 뿌려 바른다.

4. 달구어진 팬에 3의 고기를 올려 센불에 2분간 굽고 뒤집어서 다시 2분간 굽는다(시어링한다).

5. 고기의 겉면이 충분히 바삭하게 갈색으로 구워졌으면 약불로 줄이고 한쪽 면을 1분간 굽고 뒤집어 반대쪽 면을 1분간 굽는 방식으로 반복하며 굽는다. 보통 2.5cm 두께 고기의 경우 각 면을 약불에 1분씩 2번 정도 더 익히면 미디엄 상태가 된다.

6. 구워진 고기는 도마로 옮겨 후추를 뿌려주고 5분간 레스팅한다.

7. 고기를 레스팅하는 동안 팬에 올리브 오일 1큰술을 두르고 아스파라거스를 중센불에 노릇하게 굽는다. 중간에 소금과 후추로 간해준다.

8. 레스팅한 고기를 적당히 잘라 접시에 담고 6의 구운 아스파라거스와 2의 브루스케타 토핑을 올려낸다.

TIP
과정 5에서 약불에 각 면을 1분간 익히는 횟수는 팬의 재질이나 고기가 시어링된 상태 등에 따라 달라질 수 있어요. 집게로 스테이크 표면을 눌러서 고기가 단단한 느낌이 든다면 웰던에 가깝게 익은 상태예요. 미디엄 상태를 원한다면 겉만 약간 단단한 느낌이 들 때까지만 구워주세요.

떠먹는 치즈 비프 화이타

1인분

칼로리	지방	탄수화물	식이섬유	단백질
807kcal	58.9g	15.1g	4.1g	53.8g

INGREDIENTS

넉넉한 2인분 ——

스테이크용 소고기 등심 400g
피망 200g
파프리카 200g
양파 100g
슈레드 체다치즈 100g
올리브 오일 2큰술
소금 약간
후추 약간

HOW TO MAKE

1. 피망, 파프리카, 양파는 모두 0.5~1cm 너비로 채 썰어놓는다.

2. 스테이크용 소고기에 소금을 고루 뿌리고 올리브 오일을 넉넉히 뿌려 바른다.

3. 뜨겁게 달군 팬에 2의 소고기를 올려 센불에 2분간 구운 후 뒤집어 반대쪽 면도 2분간 구워 도마에 덜어낸다.

4. 구운 스테이크는 고기 결의 반대방향으로 0.5cm 너비의 길쭉한 모양으로 잘라놓는다.

5. 고기를 구웠던 팬을 뜨겁게 달군 후 올리브 오일 1큰술을 두르고 피망, 파프리카, 양파를 넣어 센불에 볶는다. 가끔씩만 뒤적여 군데군데 구워지게 볶는다.

6. 5에 소금 1/2작은술을 넣고 고루 섞은 뒤 4의 스테이크를 넣고 후추를 뿌려준 후 고기가 고루 뜨거워질 정도로만 함께 볶는다.

7. 작은 팬에 체다치즈를 담아 약불에 녹인 후 6에 끼얹어 낸다(사진).

레드커리 윙 오븐 구이

1인분

칼로리	지방	탄수화물	식이섬유	단백질
808kcal	58.3g	21.5g	5.2g	48.8g

 INGREDIENTS

넉넉한 2인분 혹은 3인분

닭윙(아랫날개) 600g
양파 200g
방울토마토 200g
가지 200g
그린빈스 100g
레드커리 페이스트 50g
올리브 오일 4큰술
다진 마늘 2작은술
라드 1/2큰술
소금 약간

 HOW TO MAKE

1. 양파는 1cm 두께로 잘라놓는다. 가지는 길게 반으로 갈라 1~2cm 두께로 어슷하게 썬다.

2. 윙은 씻어서 물기를 뺀 후 키친타월로 닦아 여분의 물기를 제거하고 소금 1/2작은술을 뿌려 버무려둔다.

3. 2를 달구어진 팬에 라드를 녹이고 센불에 3분간 구운 뒤 뒤집어 반대면도 3분간 굽는다. 이때 속은 익지 않은 상태이다.

4. 양파, 가지, 방울토마토, 그린빈스를 큰 볼에 담고 레드커리 페이스트, 올리브 오일, 마늘, 소금 1/8작은술을 넣어 비닐장갑을 끼고 버무린다.

5. 4에 3의 윙을 넣고 다시 버무린다.

6. 넓은 오븐용 팬에 5를 펼쳐 깔고 200℃로 예열한 오븐에서 30분간 굽는다.

> **TIP**
> 커리 페이스트에 당분이 함유된 제품이 많으니 성분과 재료를 확인하고 고르세요. 여기에선 메프남사의 제품을 사용했어요.
> **도시락 적합** 내열용기에 담아 전자레인지에 데워 먹기

크림 시금치 스테이크

1인분

칼로리	지방	탄수화물	식이섬유	단백질
1166kcal	95.4g	14.1g	4.8g	63.2g

 **INGREDIENTS**

2인분 ──

2.5cm 두께의 스테이크용 소고기
등심 500g
냉동 시금치 400g
양파 50g
생크림 150g
크림치즈 70g
버터 30g
파르미지아노 레지아노 20g
다진 마늘 1/2작은술
올리브 오일 1큰술
소금 약간
후추 약간

 HOW TO MAKE

1 냉동 시금치는 체에 밭쳐 완전히 해동해 물기를 짜놓는다. 양파는 채 썰거나 잘게 잘라놓는다. 파르미지아노 레지아노는 치즈 그레이터로 갈아놓는다.

2 스테이크용 소고기는 실온에 20분 이상 꺼내두었다가 굽기 직전에 소금과 올리브 오일을 뿌려 고루 문질러놓는다.

3 달구어진 팬에 2의 고기를 올려 센불에 2분간 굽고 뒤집어서 다시 2분간 굽는다(시어링한다).

4 고기 겉면이 갈색으로 바삭하게 구워졌으면 약불로 줄이고 한쪽 면을 1분간 굽고 뒤집어 반대쪽 면을 1분간 굽는 방식으로 굽는다. 보통 2.5cm 두께 고기의 경우 각 면을 약불에 1분씩 2번 정도 더 익히면 미디엄 상태가 된다.

5 구워진 고기는 도마로 옮겨 후추를 뿌려주고 5분간 레스팅한다.

6 고기를 레스팅하는 동안 고기를 구웠던 팬에 버터를 녹이고 마늘과 양파를 중불에 볶는다.

7 양파가 부드럽게 익으면 시금치, 생크림, 크림치즈, 파르미지아노 레지아노를 넣고 중불에서 저어주며 익힌다.

8 크림 시금치의 재료가 잘 어우러져 적당한 농도로 익으면 소금으로 모자라는 간을 맞추고 후추를 뿌린다.

9 레스팅한 고기를 적당하게 잘라 완성된 크림 시금치와 곁들여 낸다.

TIP

- 냉동 시금치를 사용하는 이유는 시금치가 냉동되었다가 해동되는 과정에서 조직이 손상되어 짧은 시간 내에도 부드러운 식감의 크림 시금치를 만들 수 있기 때문이에요. 여기에선 웰프레쉬사의 스페인산 냉동 시금치를 사용했어요(사진).
- 스테이크를 레스팅하는 동안 재빠르게 크림 시금치를 만들 수 있도록 고기를 굽기 전에 크림 시금치의 모든 재료를 미리 계량해두세요.

PART 6

적당히 배불러서 기분 좋은
키토식 달걀&해산물&채소 요리

좀 가볍게 먹고 싶은 날이 있어요. 고기는 먹고 싶지 않은데 그렇다고 차가운 샐러드도 당기지 않는 그런 날 말이에요. 이럴 때 제일 만만하고 맛있게 먹을 수 있는 게 달걀 요리 아닐까요. 한때 콜레스테롤 때문에 하루에 달걀을 몇 개 이상 먹으면 안 된다는 게 상식이던 때도 있었지만 이제 옛날이야기가 되었어요. 체내 콜레스테롤은 간에서 합성되는 것이지 우리가 섭취하는 음식 속의 콜레스테롤이 영향을 주는 것이 아니라는 수많은 연구 결과와 FDA 발표가 있었거든요. 달걀을 사랑하는 한 사람으로서 여간 반가운 소식이 아닐 수 없어요. 달걀은 얼마든지 먹어도 좋은 훌륭한 키토식 재료랍니다. 특히 노른자에는 지방과 함께 기타 영양소가 풍부하니 건강을 위해 노른자를 빼고 흰자만 먹는 선택은 이제 금물이에요.

해산물도 고기를 대신할 훌륭한 선택이에요. 건강한 기름을 듬뿍 이용해 조리하면 더없이 좋은 키토식이 됩니다. 채소를 익혀서 맛있게 먹을 수 있는 메뉴들도 즐겨보세요. 평소 생채소를 먹고 속이 부대끼고 소화가 잘 안된다면 열을 가해 먹는 채소 요리들이 도움이 될 거예요.

새우를 오일에 넣고 익혀낸 감바스는 키토식의 클래식 메뉴이지요. 이 책에서는 버터를 이용한 감바스와 부재료를 사용해 풍성함을 더한 올리브 오일을 이용한 감바스, 이렇게 두 가

지를 선보이니 취향대로 만들어보세요. 두 가지 다 아주 맛있답니다. 남쪽 바닷가 어느 식당의 인기 메뉴라는 꼬시래기 명란 비빔밥은 만들어 먹어보고 그 맛에 반했어요. 큰 머그 하나와 전자레인지만으로 만들어내는 전자레인지 7분 달걀 치즈 컵밥은 간편식 레퍼토리를 하나 더해줄 거예요. 진주표 마요네즈를 응용해 만드는 엔초비 아이올리 달걀 채소 플레터는 일반식을 하는 친구들을 초대한 자리에 전채 요리로 내놓아도 손색이 없을 거예요. 제 쿠킹 클래스에서도 많은 분이 좋아했던 메뉴랍니다.

마늘 프리

유제품 프리

견과류 프리

토마토 프리

꼬시래기 명란 비빔밥

1인분

칼로리	지방	탄수화물	식이섬유	단백질
586kcal	46.8g	23.6g	3.2g	19.1g

 INGREDIENTS

1인분 —

3분 곤약 쌀밥(50쪽 참조) 1인분 (110g)
염장 꼬시래기 60g
적양파 20g
풋고추 1개
달걀 2개
명란젓 25g
진주표 마요네즈(46쪽 참조) 25g
생들기름 1작은술
아보카도 오일 1/2큰술
소금 약간
통깨 약간

 HOW TO MAKE

1 꼬시래기는 흐르는 물에 씻은 후 찬물에 담가 염분을 뺀다.

2 꼬시래기를 집어먹어보아 짠맛이 느껴지지 않으면 건져서 꼭 짜 물기를 빼고 칼이나 가위로 4~5cm 길이로 잘라놓는다.

3 적양파는 가늘게 채 썰고 풋고추는 반 갈라 씨를 제거한 후 가늘게 채 썬다.

4 달걀은 소금으로 간해 잘 풀어놓은 후 아보카도 오일을 두른 팬에 달걀 스크램블을 만든다.

5 명란젓은 막을 제거하고 내용물만 훑어낸 후 진주표 마요네즈와 잘 섞어놓는다.

6 3분 곤약 쌀밥을 만들어 볼에 담고 꼬시래기, 달걀 스크램블, 적양파, 풋고추를 올린 후 명란 마요네즈 소스를 얹고 생들기름과 통깨를 뿌려낸다.

TIP
일반 양파를 사용한다면 채 썬 후 찬물에 몇 번 헹궈 매운맛을 약간 뺀 후 사용하세요.

도시락 적합

견과류 프리

토마토 프리

전자레인지 7분 달걀 치즈 컵밥

1인분

칼로리	지방	탄수화물	식이섬유	단백질
561kcal	40.7g	11.2g	2.6g	38.3g

 INGREDIENTS

1인분 —

콜리플라워 80g
베이컨 60g
잘 익은 배추김치 50g
슈레드 모차렐라와 체다를 섞은 것
(혹은 슈레드 모차렐라) 80g
버터 10g
달걀 2개
리퀴드 아미노스 1/3작은술
마른 파슬리(선택) 약간

HOW TO MAKE

1. 콜리플라워는 차퍼나 큰 구멍 치즈 그레이터로 쌀알 크기로 잘라놓는다.

2. 베이컨은 1cm 너비로 자르고 김치는 잘게 썰어놓는다.

3. 450ml 이상 용량의 머그컵에 1의 콜리플라워, 2의 베이컨과 김치를 담고 젓가락으로 고루 섞는다.

4. 3의 내용물에 버터를 올리고 머그컵에 랩을 씌운 후 전자레인지(800W)에서 4분간 익힌다.

5. 내용물에 달걀 2개를 깨 넣고 리퀴드 아미노스를 넣은 후 치즈 중 50g만 넣어 젓가락으로 내용물을 고루 섞는다. 랩을 씌워 전자레인지에서 2분간 익힌다.

6. 익은 내용물을 젓가락으로 비비듯 고루 섞어주고 남은 치즈 30g을 얹은 후 파슬리를 뿌리고 랩을 씌워 전자레인지에서 1분간 익힌다.

TIP
치즈가 넘칠 수 있으니 450ml 이상 넉넉한 사이즈의 용기를 사용하세요.

유제품 프리

달걀 프리

견과류 프리

도시락

BLT 아보카도
(B:베이컨, L:상추, T:토마토)

1인분

칼로리	지방	탄수화물	식이섬유	단백질
562kcal	53g	15.3g	9.4g	11.5g

INGREDIENTS

1인분 ──

아보카도 작은 것 1개
베이컨 100g
오븐에 구운 토마토 절임(48쪽 참조)
60g
로메인 2~3장
오레가노 비니그릿(66쪽 참조)
2큰술
올리브 오일 약간

HOW TO MAKE

1. 로메인은 채 썰어두고 베이컨은 팬에 구워 식힌 다음 잘게 잘라놓는다.
2. 아보카도는 깨끗이 씻은 후 껍질째 반으로 갈라 씨를 빼고 단면에 올리브 오일을 스프레이하거나 살짝 바른다.
3. 달군 팬에 아보카도 단면이 아래로 가게 놓고 중불에 2분간 굽는다. 이때 단면만 굽는다.
4. 접시에 로메인을 깔고 아보카도의 구운 면이 위로 가게 담는다. 그 위에 구운 베이컨과 오븐에 구운 토마토 절임을 얹고 오레가노 비니그릿을 고루 뿌린다.

TIP
오븐에 구운 토마토 절임을 만들어놓은 게 없다면 토마토를 도톰하게 슬라이스해서 올리브 오일을 두른 팬에 구워 곁들이세요. 혹은 생토마토를 잘라 그냥 곁들여도 좋아요.

도시락 적합

에브리띵 치즈 감바스

1인분

칼로리	지방	탄수화물	식이섬유	단백질
653kcal	55.2g	10.3g	2.6g	29.9g

INGREDIENTS

2인분

껍데기를 벗긴 중하 200g
마늘 4쪽
양송이 5개
새송이버섯 1개
방울토마토 6개
올리브 오일 100g
올리브 10알
파르미지아노 레지아노 30g
10cm 크기 생로즈마리 2줄기
(혹은 생세이지 7~8장)
칠리 플레이크 약간
소금 약간
후추 약간

HOW TO MAKE

1 마늘은 도톰하게 편으로 썰고 양송이는 4등분해놓는다. 새송이버섯은 반 갈라 도톰하게 썰고 방울토마토는 반으로 잘라놓는다.

2 파르미지아노 레지아노는 치즈 그레이터로 갈아놓는다.

3 중간 사이즈 팬에 올리브 오일과 마늘을 담아 중불에 올린다.

4 3의 기름이 자글거리고 마늘이 약간 익으면 소금 1/4작은술을 넣고 고루 섞은 후 버섯, 방울토마토, 올리브를 넣어 익힌다.

5 마늘과 버섯 가장자리가 노릇해지기 시작하면 새우와 생허브를 넣고 중불에 익힌다.

6 새우를 뒤집어주며 익히다가 새우 색이 변할 정도로 익으면 칠리 플레이크를 약간 뿌리고 2의 파르미지아노 레지아노를 고루 뿌린 후 불에서 내린다.

7 후추를 갈아준다.

> **TIP**
> - 생허브 향이 오일에 배어야 맛있으니 로즈마리나 세이지가 아니더라도 허브를 꼭 사용해주세요.
> - 말린 로즈마리를 사용하면 먹을 때 작은 조각이 걸돌아서 불편할 수 있으니 가능하면 생로즈마리 줄기를 사용해주세요.

마늘 프리
유제품 프리
달걀 프리
견과류 프리
토마토 프리

도시락

아보카도 연어 회덮밥

1인분

칼로리	지방	탄수화물	식이섬유	단백질
493kcal	35.9g	25g	12.6g	23g

 INGREDIENTS

1인분 ——

아보카도 작은 것 1개(과육만 120g)
훈제연어 100g
로메인 50g
양배추 30g
3분 곤약 쌀밥(50쪽 참조) 1/2인분
(약 60g)
생들기름 1큰술

초고추장
진주표 키토 고추장(42쪽 참조)
1큰술
애플 사이더 식초 1큰술
에리스리톨 1/2큰술
리퀴드 아미노스 1/2작은술
통깨 약간

 **HOW TO MAKE**

1. 아보카도는 껍질과 씨를 제거하고 얇게 썰거나 깍둑썰고 훈제연어는 먹기 좋은 크기로 잘라놓는다. 로메인은 채 썰고 양배추는 최대한 가늘게 채 썰어 찬물에 헹군 후 샐러드 스피너에 돌려 물기를 제거한다.

2. 초고추장 재료를 모두 한군데 담고 고루 섞어놓는다.

3. 3분 곤약 쌀밥 60g을 볼에 담고 아보카도, 훈제연어, 로메인, 양배추를 얹은 후 생들기름을 고루 뿌리고 초고추장을 곁들여 낸다.

> **TIP**
> 깻잎을 넣어도 어울리니 깻잎이 있다면 채 썰어 과정 3에 추가해보세요.
>
> **도시락 적합**
> 아보카도의 색이 변하는 게 싫다면 아보카도는 껍질째 가져가 먹을 때 잘라 넣는다.

달걀 프리

견과류 프리

토마토 프리

도시락

화이트 볼로네제 구운 채소

1인분

칼로리	지방	탄수화물	식이섬유	단백질
833kcal	64.5g	28.5g	9g	33.6g

INGREDIENTS

1인분 ──

화이트 볼로네제(74쪽 참조) 1인분 (150g)
단호박 100g
콜리플라워(혹은 브로콜리) 100g
적양배추(혹은 양배추) 70g
방울양배추 80g
기버터(혹은 아보카도 오일) 1큰술
파르미지아노 레지아노(선택) 적당량
소금 약간
후추 약간

HOW TO MAKE

1. 단호박은 1.5cm 두께로 도톰하게 자른다. 콜리플라워는 한입 크기로 자르고 적양배추는 웨지 형태로 잘라놓는다. 방울양배추는 크기에 따라 2등분한다.

2. 1의 채소를 넓은 오븐 팬에 담고 소금과 후추를 뿌린 후 비닐장갑을 낀 손으로 기버터를 채소 겉면에 고루 발라준다.

3. 230℃로 예열한 오븐에 2를 넣어 20분간 굽는다.

4. 채소를 굽는 동안 화이트 볼로네제 소스를 따끈하게 데운다.

5. 구워진 채소에 화이트 볼로네제를 곁들이고 파르미지아노 레지아노를 약간 갈아서 뿌린다.

TIP
채소를 오븐에 굽지 않고 프라이팬에 구워도 좋아요. 이때 채소에 미리 소금을 뿌리면 채소가 질척할 수 있습니다. 불의 세기를 중불 이상으로 유지하며 어느 정도 채소가 구워진 후 뿌려야 노릇하게 구울 수 있어요.

도시락 적합 내열용기에 담아 전자레인지에 데워 먹기

Allergy FREE
마늘 프리
결과류 프리
(페스토 비니그렛 사용 시에는 둘 다 해당 없음)

도시락

리코타 달걀 스크램블

1인분

칼로리	지방	탄수화물	식이섬유	단백질
835kcal	74.7g	8.8g	1.3g	32.6g

INGREDIENTS

1인분 —

달걀 4개
버터 20g
리코타 치즈 60g
소금 약간
후추 약간

토마토 절임 소스
오븐에 구운 토마토절임(48쪽 참조) 50g
토마토 절임 속 오일 1큰술
레드와인 식초 1작은술
소금 2꼬집

페스토 비니그릿(선택, 68쪽 참조) 1큰술

HOW TO MAKE

1. 토마토 절임 소스 재료를 모두 미니 믹서에 넣고 갈아놓는다.
2. 달걀에 소금과 후추를 넣고 잘 풀어놓는다. 나중에 리코타 치즈와 섞을 것이므로 간은 약간 짭짤할 정도로 맞춘다.
3. 팬에 버터를 녹이고 약불로 줄인 후 2의 달걀물을 부어 달걀 스크램블을 만든다.
4. 달걀이 95% 정도 익으면 불을 끄고 리코타 치즈를 4~5스푼으로 나누어 넣은 후 가볍게 대충 섞어서 그릇에 담는다.
5. 1의 토마토 절임 소스를 끼얹고 페스토 비니그릿(선택)을 얹어 먹는다.

> **TIP**
> 리코타 치즈는 시중에 저지방 제품이 많으니 구입 시 저지방 제품은 피하는 게 좋아요. 'full fat', 'whole milk' 등이 표기되어 있는 제품을 고르면 됩니다.
>
> **도시락 적합**

마늘 프리

유제품 프리

견과류 프리

게으른 날의 프리타타

1인분

칼로리	지방	탄수화물	식이섬유	단백질
659kcal	50.6g	22.9g	5.3g	30.5g

INGREDIENTS

넉넉한 1인분 ──

달걀 3개
주키니 150g
양파 100g
베이컨 90g
버섯 50g
방울토마토 3~4개
대파 1/3대
올리브 오일 2큰술
타임(선택) 약간
소금 약간
후추 약간

HOW TO MAKE

1 주키니, 양파, 버섯은 모두 1cm 크기로 잘라놓는다. 대파는 송송 썰고 베이컨은 잘게 잘라놓는다.

2 오븐 사용이 가능한 팬에 올리브 오일 1큰술을 두르고 대파와 베이컨을 중불에 볶는다.

3 대파가 노릇해지기 시작하면 올리브 오일 1큰술을 추가하고 주키니, 양파, 버섯을 넣어 센불에 볶는다. 소금과 후추로 간한다.

4 주키니가 익으면 방울토마토와 타임을 넣고 고루 섞은 뒤 달걀을 군데군데 깨서 올린다.

5 달걀 위에만 소금과 후추를 뿌려준 후 180℃로 예열한 오븐에서 20분간 굽는다.

TIP

- 여기에 있는 방법으로 만들면 달걀노른자는 젤리처럼 쫀득하게 살짝 익은 상태가 됩니다. 흐르는 노른자를 원한다면 과정 5에서 굽는 시간을 줄여주세요.
- 일반 프리타타처럼 달걀을 풀어서 볶은 채소를 넣고 섞은 뒤 구워도 좋아요.

도시락 적합

엔초비 아이올리 달걀 채소 플레터

1인분

칼로리	지방	탄수화물	식이섬유	단백질
714kcal	67.7g	10.7g	3.4g	18.5g

INGREDIENTS

2인분

엔초비 아이올리
엔초비 필레 3줄(10g)
달걀노른자 1개
머스터드 10g
화이트 발사믹 2작은술
마늘가루 1/4작은술
올리브 오일 1/4컵
아보카도 오일 1/4컵
후추 약간

삶은 달걀(62쪽 참조) 4개
한입 크기로 자른 브로콜리 100g
아스파라거스 100g
방울토마토 10알
로메인 약간
소금 약간

• 1컵 = 240ml

HOW TO MAKE

1 엔초비 아이올리 재료 중 엔초비를 잘게 다진 후 볼에 담고 달걀노른자, 머스터드, 화이트 발사믹, 마늘 파우더를 넣어 손거품기로 잘 섞는다.

2 손거품기로 계속 저어주며 올리브 오일을 조금씩 따라 넣는다. 오일이 조금씩 들어가며 농도가 약간 걸쭉해진다.

3 올리브 오일을 다 넣고 나면 같은 방법으로 아보카도 오일을 조금씩 넣으며 저어준다. 오일을 다 넣고 난 후에는 원하는 농도가 되도록 조금 더 저어주고 후추를 약간 갈아 넣는다.

4 달걀은 원하는 상태로 삶아놓는다.

5 물에 소금을 약간 넣고 끓여 브로콜리와 아스파라거스를 넣고 1분간 데친 후 바로 찬물에 담가 식힌다.

6 생으로 먹는 채소는 먹기 좋게 잘라놓는다.

7 준비한 채소, 삶은 달걀, 엔초비 아이올리를 보기 좋게 담아낸다.

> **TIP**
> 아이올리는 마늘이 첨가된 마요네즈라고 생각하면 됩니다. 그래서 만드는 법과 보관법이 마요네즈와 같아요. 여기에선 소금 대신 엔초비를 넣어 감칠맛을 더했어요. 엔초비 아이올리는 만들어서 냉장고에 일주일 내로 보관이 가능한데 자세한 방법은 46쪽 진주표 마요네즈의 팁을 참고해주세요.
>
> **도시락 적합**

Allergy FREE

달걀 프리

견과류 프리

토마토 프리

버터 감바스

1인분

칼로리	지방	탄수화물	식이섬유	단백질
592kcal	52g	5.4g	0.9g	26.4g

INGREDIENTS

1인분 ——

껍데기를 벗긴 중하 120g
버터(가염 혹은 무염) 60g
양송이 3~4개
마늘 2쪽
마른 파슬리 약간
칠리 플레이크 약간
소금 약간

HOW TO MAKE

1 양송이는 4등분해놓고 마늘은 도톰하게 편으로 썰어놓는다.

2 크기가 작은 팬(바닥 지름 15cm 이하)에 버터와 마늘편을 담고 약중불에 올려 데운다.

3 버터에 마늘향이 충분히 우러나고 마늘이 부드럽게 익으면 양송이를 넣는다.

4 양송이가 살짝 익으면 새우를 넣고 가끔 뒤집어주며 고루 익힌다.

5 칠리 플레이크와 마른 파슬리를 뿌려주고 버터국물 간은 약간 짭짤하게 소금으로 맞춘다. (사용한 버터가 무염인지 가염인지에 따라 소금의 양은 달라진다.)

> **TIP**
> - 올리브 오일이 아닌 버터로 감바스를 만들어도 맛있어요. 올리브 오일에 열을 가하는 게 꺼려진다면 버터 감바스를 만들어보세요.
> - 새우를 너무 익히면 살이 쪼그라들고 뻣뻣해지니 색깔이 변할 정도로만 익혀주세요.
> - 센불로 하면 버터가 타고 새우가 과하게 익을 수 있으니 중불 이상으로 키우지는 마세요.

주키니 리본 새우구이

1인분

칼로리	지방	탄수화물	식이섬유	단백질
658kcal	43g	14.4g	2.6g	53.2g

 **INGREDIENTS**

 **HOW TO MAKE**

2인분 —

주키니 160g
껍데기를 벗긴 중하 20마리(300g)
리코타 치즈 200g
달걀 1개
파르미지아노 레지아노 40g
마른 오레가노 1/2작은술
소금 약간

토마토 절임 소스

오븐에 구운 토마토 절임(48쪽 참조) 120g
토마토 절임 속 오일 2큰술
레드와인 식초 2작은술
소금 1/4작은술

파르미지아노 레지아노 약간
마른 파슬리 약간

1 주키니를 필러로 얇게 썰어 새우의 수만큼 리본 모양을 만든다(사진). 소금을 약간 뿌려 체에 밭쳐 물기를 빼놓는다.

2 새우는 익으면서 덜 굽어지도록 배에 칼집을 1~2차례 넣어준다.

3 파르미지아노 레지아노를 치즈 그레이터로 간 후 리코타 치즈, 달걀, 마른 오레가노, 소금 1/3작은술, 후추 약간과 함께 고루 섞어놓는다.

4 1의 주키니 리본 하나를 평평한 곳에 놓고 끄트머리에 3의 치즈 반죽 15g을 얹은 뒤 몸통 부위가 리코타 반죽에 닿도록 새우 한 마리를 올려 주키니를 돌돌 말아준다.

5 4의 주키니 새우 말이를 오븐용 용기에 나란히 붙여 담고 여분의 파르미지아노 레지아노와 마른 파슬리를 약간 뿌린 뒤 220°C로 예열한 오븐에서 30분간 굽는다.

6 오븐에서 굽는 동안 토마토 절임 소스의 재료를 모두 미니 믹서에 담아 갈아서 소스를 만들어놓는다.

7 주키니 리본 새우구이가 완성되면 6의 토마토절임 소스를 곁들여 낸다.

Allergy FREE

유제품 프리

견과류 프리

토마토 프리

나물 밥전

1인분

칼로리	지방	탄수화물	식이섬유	단백질
561kcal	41.5g	30.3g	6.6g	19.2g

 INGREDIENTS

넉넉한 1인분 ——

물기를 꼭 짠 나물 150g
물기를 꼭 짠 김치 50g
3분 곤약 쌀밥(50쪽 참조) 1인분 (110g)
달걀 2개
라드 2큰술
소금 약간

 HOW TO MAKE

1. 나물과 김치는 잘게 다져놓는다.
2. 3분 곤약 쌀밥에 1의 나물과 김치를 넣고 달걀을 넣어 잘 섞는다. 소금으로 간한다.
3. 팬을 달구어 라드를 일부 녹이고 2의 반죽을 6~7cm 지름이 되도록 떠 넣어 굽는다.
4. 밑면이 충분히 익으면 뒤집어 반대편도 익힌다.
5. 라드를 더해주며 과정 3~4를 반복해 밥전을 굽는다.

> **TIP**
> - 나물의 종류는 어떤 것이든 좋아요. 여기에선 숙주나물, 고사리나물, 도라지나물을 섞어서 사용했어요. 명절 후 남은 나물들을 이용해 만들기 좋은 메뉴입니다.
> - 밑면이 충분히 익어야 찢어지지 않게 뒤집을 수 있어요. 밥전 크기가 크면 뒤집기가 힘드니 작은 크기로 여러 장을 만드세요.

견과류 프리

토마토 프리

엔초비 연근 버섯볶음

1인분

칼로리	지방	탄수화물	식이섬유	단백질
526kcal	43.4g	25.2g	7g	14.7g

INGREDIENTS

1인분 ——

버섯 200g(양송이버섯 100g,
생표고버섯 50g, 만가닥버섯 50g)
연근 100g
엔초비 필레 12g(3~4조각)
버터 20g
올리브 오일 1.5큰술
발사믹 식초 1큰술
다진 마늘 1/2작은술
소금 약간
후추 약간
달걀노른자 1개

HOW TO MAKE

1. 버섯은 한입 크기로 잘라 준비한다. 연근은 1cm 두께로 잘라 지름에 따라 2등분 혹은 4등분한다. 엔초비는 잘게 잘라놓는다.
2. 달구어진 팬에 올리브 오일을 두르고 연근을 중불에 3분간 볶는다.
3. 불을 약불로 줄이고 마늘과 엔초비를 넣어 1분간 볶는다.
4. 3에 버섯을 넣고 센불로 키워 볶다가 버섯이 고루 뜨거워지면 버터와 발사믹을 넣어 조금 더 볶는다.
5. 모자라는 간은 소금으로 맞추고 후추를 넣는다.
6. 연근 버섯볶음을 접시에 담고 달걀노른자를 얹은 후 후추를 갈아 뿌려준다.

> **TIP**
> - 고기가 당기지 않는 날 가볍게 먹기 좋은 요리예요. 부드럽고 쫄깃한 버섯에 아삭한 연근 식감이 더해져서 훨씬 풍성하답니다.
> - 달걀노른자를 소스 삼아 버섯과 연근을 찍어 먹어보세요.

마늘 프리

유제품 프리

견과류 프리

토마토 프리

아보카도 명란 덮밥

1인분

칼로리	지방	탄수화물	식이섬유	단백질
415kcal	32.6g	20.4g	9g	13.9g

 INGREDIENTS

 HOW TO MAKE

1인분 ——

아보카도 작은 것 1개(과육만 120g)
3분 곤약 쌀밥(50쪽 참조) 1/2인분
(약 60g)
온천 달걀(64쪽 참조) 1개
베이비 채소 20g
명란젓 25g
스리라차 소스 1/2작은술
생들기름 2작은술
깨 약간

1 아보카도는 껍질과 씨를 제거하고 슬라이스하거나 깍둑썰기한다.

2 명란젓은 막을 제거하고 스리라차 소스와 잘 섞어놓는다.

3 볼에 3분 곤약 쌀밥을 60g 담고 아보카도, 2의 스리라차 소스와 섞은 명란젓, 베이비 채소를 올린다.

4 온천 달걀을 깨서 3에 조심히 얹고 생들기름과 깨를 뿌려 낸다.

> **TIP**
> 명란젓에 스리라차 소스를 섞어 아보카도 명란 덮밥을 만들면 매콤한 맛이 더해져서 맛있어요.
>
> **도시락 적합**
> 아보카도의 색이 변하는 게 싫다면 아보카도는 껍질째 가져가 먹을 때 잘라 넣는다.

FREE Allergy

마늘 프리

견과류 프리

토마토 프리

도시락

아스파라거스 버터 스크램블드 에그

1인분

칼로리	지방	탄수화물	식이섬유	단백질
730kcal	66.9g	6.6g	2.1g	26.2g

INGREDIENTS

1인분 ——

아스파라거스 100g
달걀 3개
생크림 3큰술
버터 40g
파르미지아노 레지아노 10g
소금 약간
후추 약간

HOW TO MAKE

1. 아스파라거스는 3~4cm 길이로 잘라놓는다.
2. 달걀을 깨서 볼에 담고 생크림, 소금, 후추를 넣어 포크로 잘 풀어주며 섞는다.
3. 팬에 버터를 녹이고 아스파라거스를 넣어 중불에 볶는다. 중간에 소금과 후추로 간한다.
4. 아스파라거스가 살짝 부드러워질 정도로 익으면 2의 달걀을 넣고 약중불로 줄인 후 스패츌러로 한 번씩 저어주며 천천히 익힌다.
5. 달걀이 90% 정도 익으면 그릇에 덜어내고 파르미지아노 레지아노를 치즈 그레이터로 듬뿍 갈아 올려준다.

TIP
촉촉하고 부드러운 스크램블드 에그를 만들기 위해선 스패츌러로 바닥에 일자로 길을 만들어주듯 그어 달걀을 익히면 됩니다. 방향을 바꾸며 일자로 팬 바닥을 그어주다가 더 이상 액체 상태의 달걀이 흐르지 않게 되면 조심히 뒤집어주며 고루 익혀주세요.
도시락 적합 내열용기에 담아 전자레인지에 데워 먹기

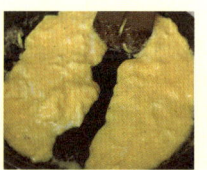

견과류 프리　도시락

리코타 가지 라쟈냐

1인분

칼로리	지방	탄수화물	식이섬유	단백질
825kcal	60.4g	20.6g	6.0g	46.4g

 INGREDIENTS

넉넉한 3인분 혹은 4인분

가지 400g
화이트 볼로네제(74쪽 참조) 300g
토마토 캔 300g
리코타 200g
슈레드 모차렐라 120g
달걀 1개
파르미지아노 레지아노 50g+10g
마른 오레가노 1/2작은술
올리브 오일 1큰술
소금 약간
후추 약간
마른 파슬리 약간

HOW TO MAKE

1 화이트 볼로네제와 토마토 캔을 냄비에 담고 중불에 10분간 저어주며 끓여 약간 졸여놓는다.

2 파르미지아노 레지아노는 치즈 그레이터로 갈아놓는다.

3 가지는 1cm 약간 안 되는 두께로 도톰하게 잘라 소금, 후추, 올리브 오일을 고루 뿌려 220℃로 예열한 오븐에서 15분간 굽고 뒤집어서 10분간(혹은 노릇해질 때까지) 굽는다.

4 리코타, 파르미지아노 레지아노 50g, 달걀, 오레가노를 볼에 담고 소금과 후추를 넣어 잘 섞어놓는다.

5 17cm × 26cm 크기의 오븐 용기 바닥에 1의 소스 1큰술을 고루 바른다. 그 위에 구운 가지를 한 층으로 깔고 4의 리코타 반죽 일부를 고르게 바른 뒤 1의 소스 일부를 펴 바른다.

6 '가지, 리코타 반죽, 소스'순으로 용기에 층층이 담고, 맨 위에 모차렐라를 고루 뿌리고 파르미지아노 레지아노 10g을 뿌린다.

7 마른 파슬리를 약간 뿌려 220℃로 예열한 오븐에서 20분간 굽는다.

TIP
과정 3에서 가지는 팬에 구워도 좋아요. 소금, 후추, 올리브 오일을 뿌린 가지를 중센불에서 앞뒤로 노릇하게 구우면 됩니다.

도시락 적합 내열용기에 담아 전자레인지에 데워 먹기

찾아보기

간장 립 구이 212
갓을 넣은 중국풍 오겹찜 158
게으른 날의 프리타타 246
고르곤졸라 버거 106
과카몰리 60
과카몰리 치킨 오픈 샌드위치 108
구운 버섯 수란 샐러드 142
구운 치킨 푸타네스카 파스타 84
구운 토마토 부라타 샐러드 130
구운 할루미와 토마토 샐러드 138
국수 없는 베트남 쌀국수 156
규동 198
꼬시래기 명란 비빔밥 232
나물 밥전 254
5가지 치즈 피자 102
닭고기 미소 냄비 172
대파 굴 스튜 164
대학로 씨구 182
돈지루 160
돼지고기 시금치 전골 176
떠먹는 치즈 비프 화이타 222
라즈베리 고르곤졸라 샐러드 146
레드와인 버섯 그레이비 76
레드커리 윙 오븐 구이 224
리코타 가지 라쟈냐 262
리코타 달걀 스크램블 244
리코타 찹 샐러드 144
마르게리타 피자 98
멕시코풍 소고기 수프 168
면 없는 야키소바 92
무 명란 달걀탕 162
문어 올리브 샐러드 132
바사삭 햄 & 에그 치즈롤 110
바질 미트볼 토마토 파스타 86
바질 페스토 58
버터 감바스 250

베이컨 치킨 텐더와 브로콜리 200
브루스케타 아스파라거스 스테이크 220
BLT 아보카도 236
사골국물 78
사천풍 등갈비 콜리플라워 조림 218
삼겹살 두루치기 볶음우동 96
3분 곤약 쌀밥 50
생강 파 소스 72
생강 파 소스 윙구이 202
소고기 된장 소면 186
소고기 크림 스튜 170
소고기 팟타이 88
스모크 치즈 햄 찹 샐러드 128
스키야키 184
슬로 로스트 통갈비 206
쏨땀맛 소고기 무 샐러드 134
아보카도 그릭 샐러드 148
아보카도 달걀 샐러드 오픈 샌드위치 104
아보카도 명란 덮밥 258
아보카도 베이컨 콜드 파스타 120
아보카도 연어 회덮밥 240
아스파라거스 버터 스크램블드 에그 260
양꼬치 214
어묵탕 대신 스지탕 166
에브리띵 치즈 감바스 238
에어프라이어 대창 채소구이 208
엔초비 아이올리 달걀 채소 플레터 248
엔초비 연근 버섯볶음 256
오레가노 비니그릿 66
오븐에 구운 토마토 절임 48
온천 달걀 64
왕갈비탕 178

우삼겹 솥밥 192
우삼겹 짜파구리 90
원하는 상태의 달걀 삶기 62
전자레인지 7분 달걀 치즈 컵밥 234
제육볶음 부리토 볼 204
주들스 54
주키니 리본 새우구이 252
중국 식당 닭가슴살 216
중국식 배추 완자탕 180
중국식 잡채 94
진주표 마요네즈 46
진주표 키토 고추장 42
진주표 키토 쯔유 44
쯔유 파마산 우동 샐러드 136
차돌 청국장 전골 174
차플 56
참치 콜드 파스타 122
치즈버거 베이크 112
카르보나라 파스타 114
콜리플라워 라이스 70
콜리플라워 크러스트 52
크림 시금치 스테이크 226
타이풍 돼지고기 볶음 210
터키식 피자 100
토마토 고기 덮밥 196
팟 카파오 무쌉 194
페스토 비니그릿 68
페스토 비니그릿 단호박 훈제연어 샐러드 140
페스토 파스타 116
하얀 굴짬뽕 154
화이트 볼로네제 74
화이트 볼로네제 구운 채소 242
화이트 볼로네제 파스타 118